Guide d'initiation

Dessin au clair-obscur

« Fusain et pastel blanc sur papier teinté »

De Philippe Flohic

ISBN : 9782917884003

Remerciements

Christelle, pour la relecture et surtout sa patience.

Véronique pour la relecture finale.

Djahill, Elimane, Léo mes modèles locaux.

Peter Falk, modèle photo et dessin, Michel Audiard (dessin), Pierre Nicolas (dessin), Arthur H (dessin), Ray Charles (dessin), Géronimo (dessin), Estelle tenant entre ses mains Dali (dessin), Le phare d'Ar-Men – Bretagne (dessin) d'après une photographie de Guillaume Plisson, Les papous (dessin) d'après une photographie d' Eric Lafforgue, Nelson Mandela (dessin), Gilles Servat (dessin), Fernandel (dessin), Pharrell Williams (dessin).

Les photographes, Eric Lafforgue, Peter Bowers, Guillaume Plisson

Table des matières

1. Préambule...7
2. Le clair-obscur ?..9
3. Contenu de ce guide..11
4. Le matériel de dessin utilisé dans ce guide......................13
5. L'importance d'avoir des « marqueurs » de progression.........42
6. État d'esprit et échauffement..43
7. Bonne tenue des outils de dessin......................................45
8. Échelle de valeurs..49
9. Création de notre première échelle de valeur.................50
10. Premiers tracés..61
11. La source de lumière...71
12. L'ombre propre et l'ombre portée....................................75
13. L'ombre propre...76
14. L'ombre portée...80
15. Couloir de valeurs..91
16. Une variante du couloir de valeur....................................98
17. Choix d'un visuel (modèle)..109
18. Astuce : plisser vos yeux..110
19. Le focus, les zones floues...112
20. Quelle est la meilleure position pour dessiner ?...........114
21. 6 étapes dans la création d'un dessin au clair-obscur.........116
22. Aide au débutant...121
23. La mise aux carreaux..122
24. Le projecteur LED...127
25. Étude pratique sur des éléments de détails...................134
26. Un œil..135
27. Une oreille...141
28. Analyse de notre modèle..141
29. Les pas à pas..149
30. Portrait d'un jeune enfant...149
31. Une étude d'une fleur de cerisier sur sa branche..........160
32. Etude de l'homme en canoë...169

33. Quelques-uns de mes dessins réalisés au cours de ces 15 dernières années...................181
34. Conclusion...................198

Préambule

Ce guide d'initiation permet au débutant(e) de :

- Faire connaissance avec un **matériel de dessin de base,** savoir **le préparer et bien l'utiliser.**

- Découvrir progressivement par **un apprentissage simple et méthodique** les **notions essentielles**, les principaux éléments qui entrent en action **dans le dessin au clair-obscur.**

- **Acquérir une bonne base**, sur laquelle s'appuyer tout au long de sa carrière d'artiste.

- **Travailler sur des éléments de détail**, plus simples à représenter.

- À terme, **devenir autonome** dans le choix et la réalisation de ses propres projets graphiques.

Cet ouvrage s'adresse particulièrement aux personnes dont le niveau en dessin est modeste. Les niveaux plus avancés y trouveront certainement moins d'intérêt.

Si **vous êtes motivé**, tout **le contenu de ce guide est réalisable**, votre motivation est la meilleure base pour cet apprentissage.

Vous serez **capable d'utiliser un matériel de dessin de base** dans votre pratique artistique du **dessin au clair-obscur sur papier teinté**.

Je souhaite terminer cette petite introduction en vous souhaitant une agréable lecture, quelle soit la plus enrichissante pour vous et vous permette d'aborder sereinement vos futures créations graphiques.

Bon apprentissage, **Philippe Flohic**.

Le clair-obscur ?

Définition d'après Wikipédia :

> « **Le clair-obscur** est une pratique artistique permettant de produire sur le plan de l'image des effets de relief par la reproduction des effets de l'ombre et de la lumière sur les volumes perceptibles dans l'espace réel. »

Le clair-obscur va donc nous permettre dans notre cas précis de réaliser un dessin figuratif en relief en imitant les volumes grâce au contraste entre les zones claire et sombre sur les formes.

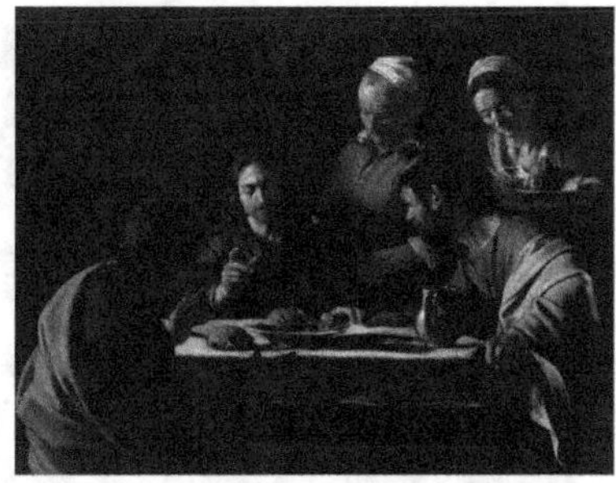

Le Souper à Emmaüs,
Le Caravage

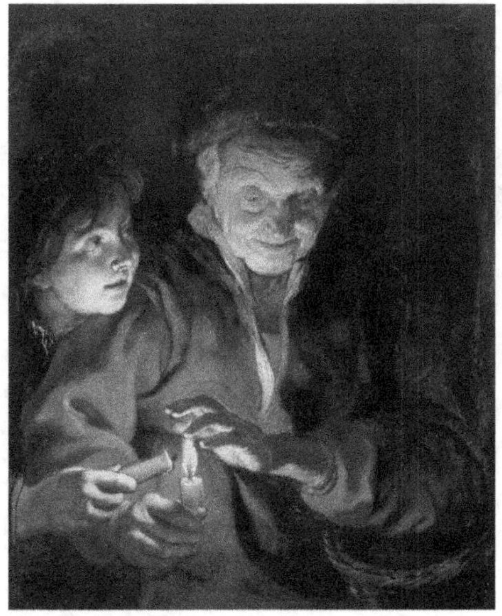

Scène de nuit - Peter Paul Rubens

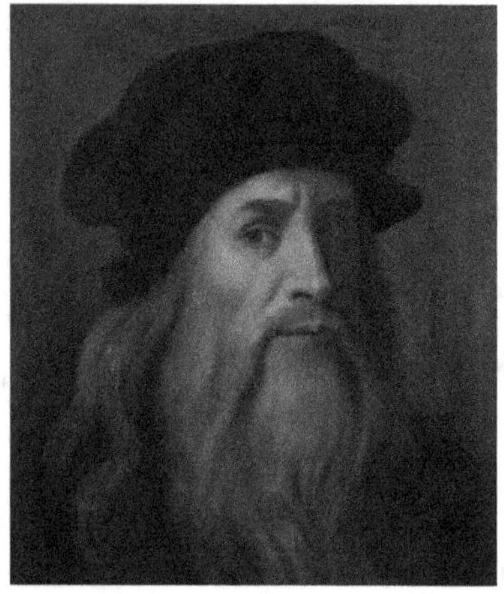

Autoportrait de Léonard de Vinci

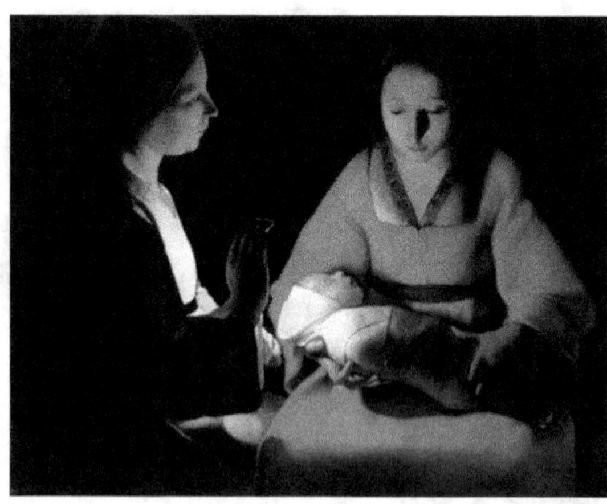

Le Nouveau-né est un tableau du peintre lorrain Georges de La Tour peint vers 1648, musée des beaux-arts Rennes

Les plus grands maîtres comme **Le Caravage**, **Léonard de Vinci**, **Georges de la Tour, Peter Paul Rubens** ont utilisés cet effet de contraste. D'autres ouvrages bien plus complets que ce guide pratique vous feront découvrir ces immenses artistes et leur parfaite maîtrise du clair-obscur. Je tenais néanmoins à vous montrer quelques œuvres de ces grands peintres où le clair-obscur est de tout premier plan.

Contenu de ce guide

Je vais dresser ci-dessous une petite liste des éléments que vous allez pouvoir découvrir et surtout mettre en application avant même de refermer la dernière page de cet ouvrage.

Je vous demanderai d'entrer en action, de faire des essais, des tests, des exercices, etc. Cela fait partie du bon déroulement de votre apprentissage.

Jouer le jeu, sans brûler les étapes !

- Connaissance du matériel mis en œuvre.

- La préparation des outils de dessin.

- La prise en main des fusains, des pastels blancs, de l'estompe, de la gomme mie de pain, du papier.

- L'importance d'avoir des « marqueurs » de progression.

- Vos **premiers tracés**, je ne parle pas de ligne, les lignes n'existent pas en clair-obscur.

- Notion et élaboration de l'échelle de valeurs.

- La lumière

- Ombre propre et ombre portée

- Le clair-obscur sera abordé en 6 étapes logiques :

  1. **L'observation**

  2. **L'esquisse initiale**

  3. **Les proportions**

  4. **Le tracé des ombres.**

  5. **Le contrôle de bords**

  6. **Les détails**

Je viens de vous lister sommairement ce que vous allez apprendre en poursuivant la lecture de ce guide.

Je suis ravi à l'idée de vous transmettre les bases de cette formidable compétence artistique qu'est le dessin au « clair-obscur ».

Allez à vos fusains !

Le matériel de dessin utilisé dans ce guide

Pour mettre en application les exercices dirigés, vous devrez détenir un minimum de matériel de dessin. Il sera simple et ira à l'essentiel. Il se trouve facilement même dans les grandes surfaces, je vous suggère néanmoins de faire son acquisition dans des boutiques physiques spécialisées en articles de beaux arts. À payer un prix sensiblement identique, autant faire travailler ces professionnels aux conseils toujours pertinents. En derniers recours sur internet vous trouverez facilement votre bonheur.

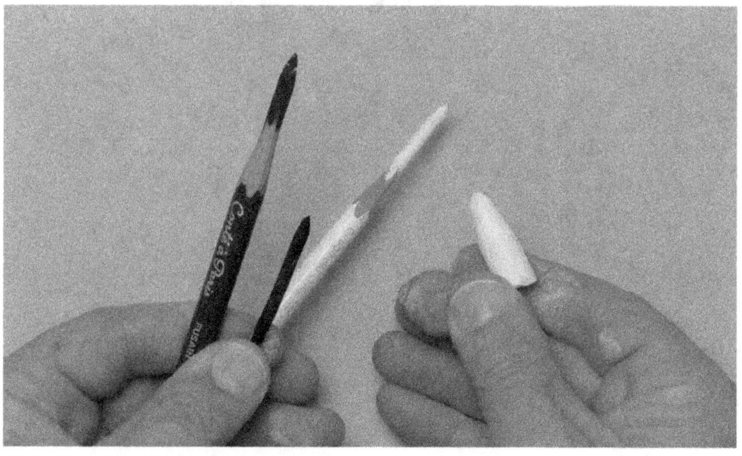

Le fusain naturel, le crayon fusain, le crayon pastel blanc, le pastel tendre, la gomme mie de pain et le papier mi-teinte gris ciel, prêt à passer à l'action créative !

Voici la liste du matériel dont vous aurez besoin :

1 : Le fusain naturel

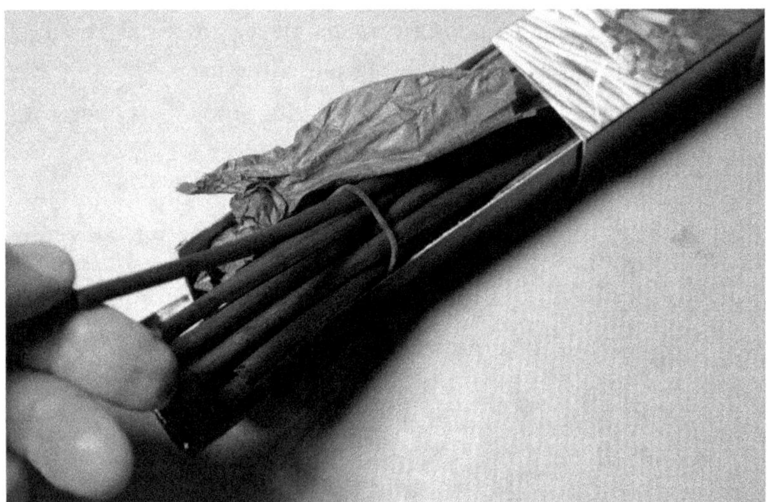

Ce guide se focalise essentiellement sur un seul médium, le fusain naturel.

Il est obtenu à partir de fines branches de saule, de chêne, de bruyère, en fait de n'importe quel type de bois, du moment que ces derniers présentent une légèreté et une porosité satisfaisante pour le traitement qu'il va subir.

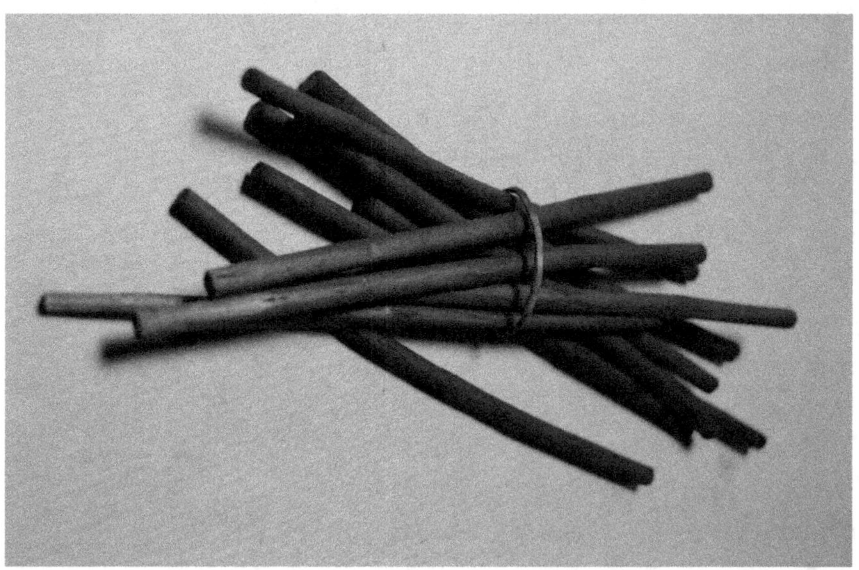

Un fusain naturel 100 % végétal de qualité devra :

- Ne pas présenter d'imperfections (nodosités)
- Avoir un bon degré de carbonisation
- Ne pas renfermer de filament dur, ni de particules cristallisées
- D'une parfaite fluidité de tracé
- Présentant des noirs intenses (malheureusement peu stable (nous le verrons plus tard).

Ainsi, au final, l'on détient entre nos doigts un fabuleux outil de création.

Il existe dans plusieurs diamètres de commercialisation, les plus courants :

- Fin ou **mignonnette (2-3 mm)**,
- Moyen ou **petit buisson (4-6 mm)**,
- Gros ou **moyen buisson (7-9 mm)**,
- Très gros ou **gros buisson (12-14 mm)**.

Le fusain naturel est vraiment très intéressant comme médium dans le cadre de l'apprentissage du dessin au clair-obscur. Il est peu onéreux, il s'accommode de n'importe quel support, même un banal papier destiné à l'impression jet d'encre personnelle suffira.

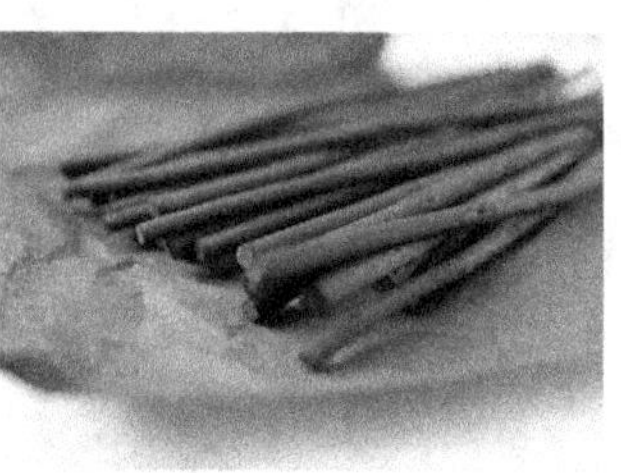

Nous allons choisir le fusain fin, la mignonnette. Il conviendra parfaitement pour travailler sur des formats papiers relativement petits.

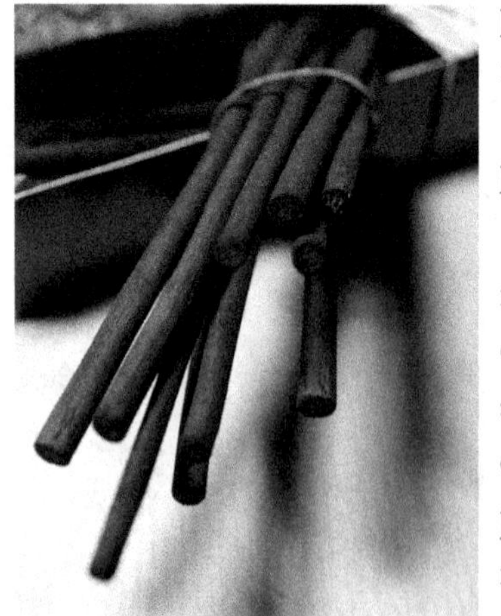

Notre support papier ne dépassera pas le A4. Soit 29,7 cm x 21 cm.

Le diamètre de la mignonnette se rapprochera de celui d'une mine classique de crayon pastel. Nous allons avoir l'occasion de nous entraîner avec, dans les prochaines pages. Il est biensûr plus fragile que les autres fusains naturels, mais avec de la pratique, cela ne posera plus de problème.

2 : Le crayon fusain

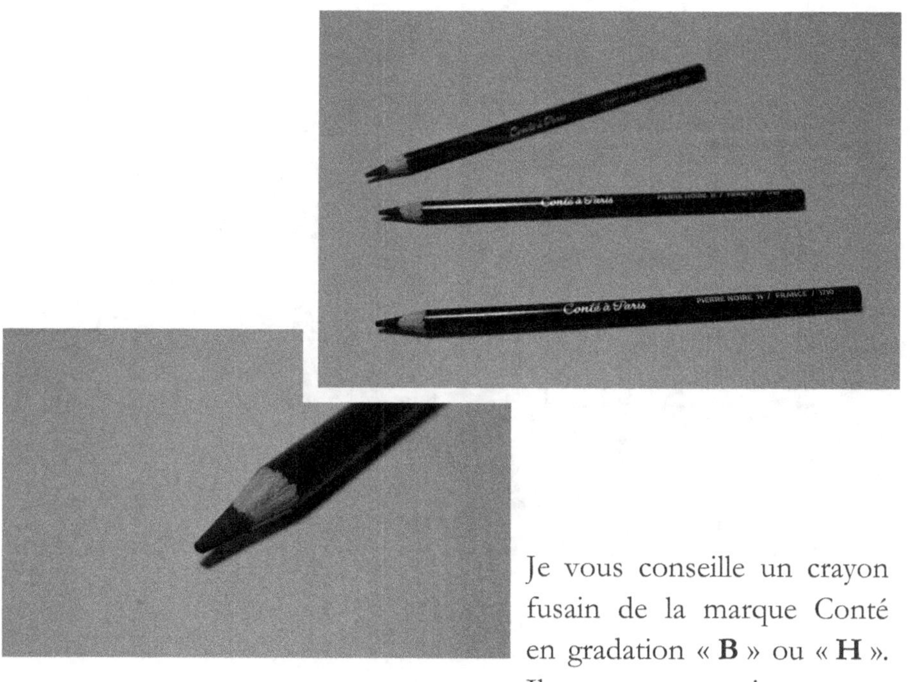

Je vous conseille un crayon fusain de la marque Conté en gradation « **B** » ou « **H** ». Il nous servira pour l'esquisse et certains détails de nos études. Sa mine est constituée de fusain naturel et autres additifs qui permettent une meilleure tenue sur le support que le fusain naturel qui lui est plus volatile.

3 : Le crayon pastel blanc

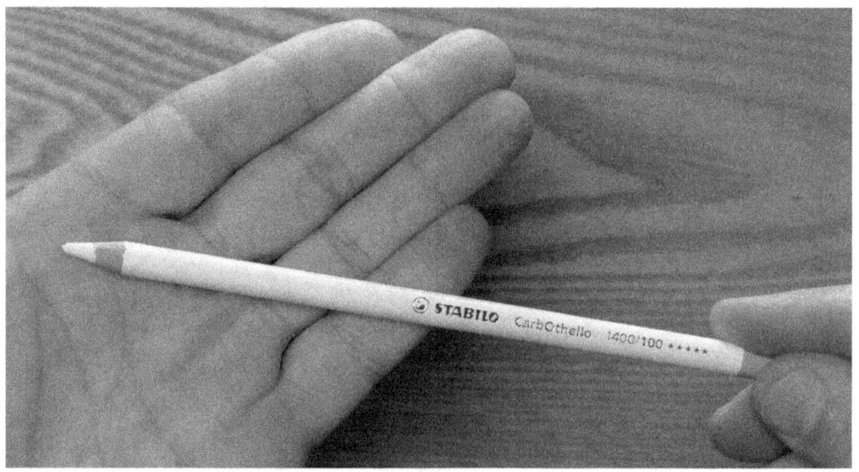

Pour le blanc, la marque Stabilo propose dans sa gamme CarbOthello le crayon pastel « blanc de titane ». Il est facile à préparer (taille au cutter) et à utiliser (pigment tendre, qui s'applique facilement sur le papier). Il sera utile sur du papier teinté pour les rehauts de lumière (nous verrons cela plus tard).

4 : L' estompe

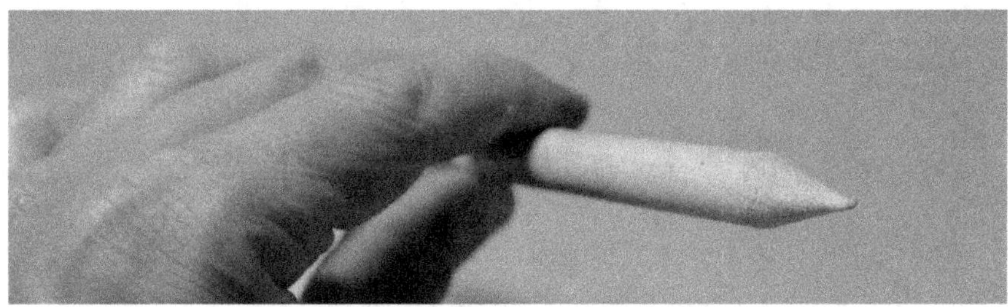

Une **estompe** est un outil de dessin cylindrique dont les deux extrémités sont de forme conique pleine.

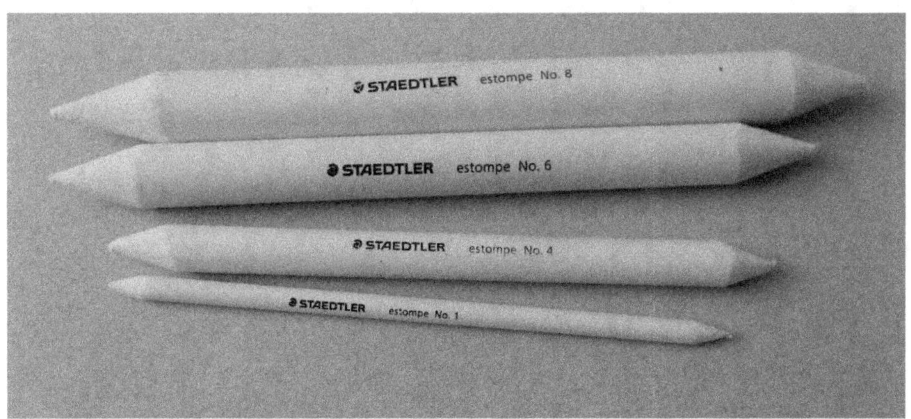

Elle existe en plusieurs diamètres, plus le chiffre inscrit sur son fût est grand, plus son diamètre sera important. Sa longueur se situe entre 5 et 20 cm.

Elle est constituée de papier journal, de buvard, de peau (synthétique), de coton ou de feutre compacté.

Il existe une variante à l'estompe, le tortillon, fait de papier journal, ou de papier buvard enroulé en pointe. Vous pouvez les fabriquer vous-même, mais je vous conseille de les acheter en commerce spécialisé, favorisez les marques reconnues, évitez les lots « made in China » de qualité médiocre, souvent « creuses » dans leur noyau.

L'estompe est utilisée conjointement avec le fusain, le pastel, la pierre noire, le crayon pastel blanc, le crayon graphite.

L'action d'estomper consiste à étaler les particules de fusain ou de crayon afin d'obtenir des gris intermédiaires.

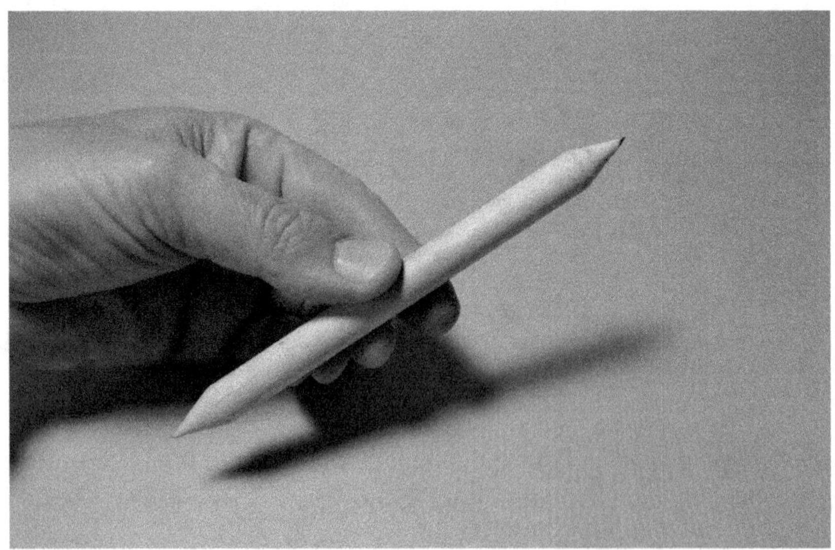

Sa pointe permet de fondre les tracés avec plus de précision que ne le feront nos doigts.

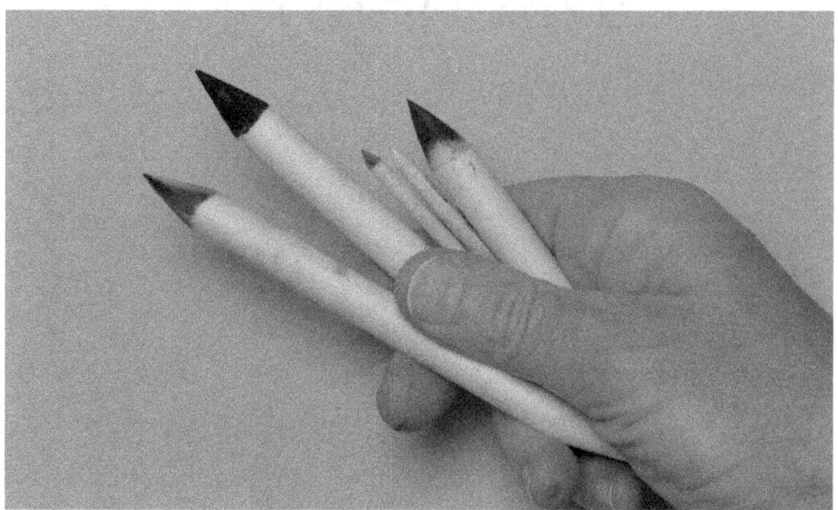

L'estompe sera tout aussi importante que notre fusain dans la réalisation de nos études.

5 : La gomme mie de pain

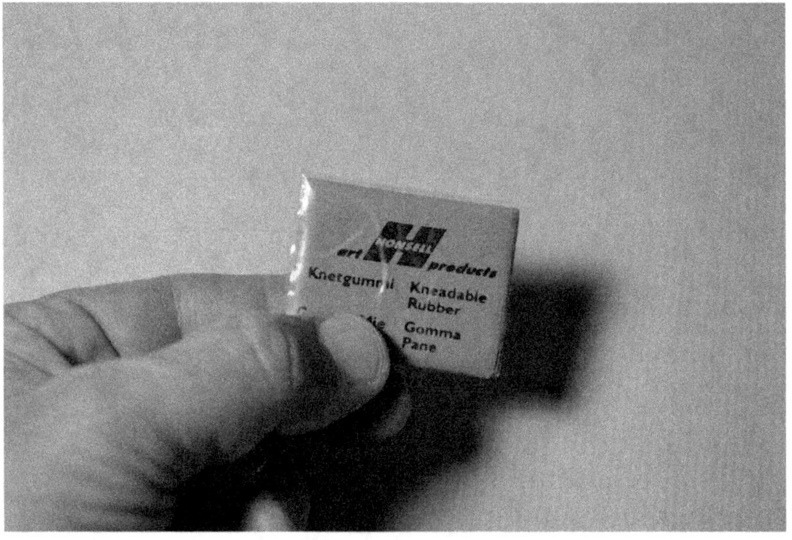

La **gomme mie de pain** ou « gomme à fusain » est une pâte faiblement adhésive composée essentiellement de caoutchouc.

Elle permet d'effacer ou d'éclaircir le fusain, les craies, les crayons , la sanguine et la pierre noire, sans oublier les pastels secs.

En dépannage, on peut utiliser de la mie de pain malaxée que l'on conservera dans une boîte humide afin qu'elle ne se dessèche pas.

Contrairement à la mie de notre pain du boulanger, les gommes mie de pain actuelles, sont durables, plus efficaces et beaucoup moins sujettes à la pourriture, on n'a pas besoin de les humidifier sans cesse.

Elle absorbe beaucoup plus activement que la gomme classique.

Une fois déballée, **il faut la malaxer afin de la rendre souple.**

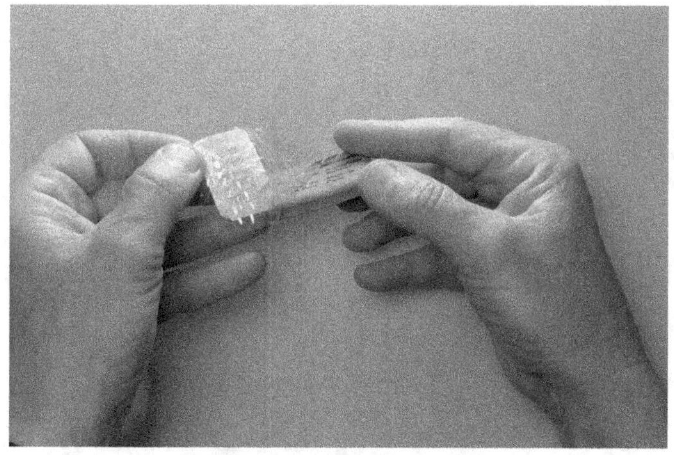

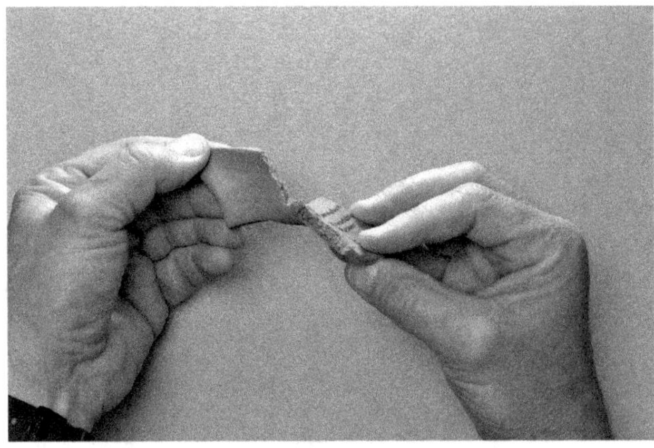

Cette opération est à renouveler souvent afin de faire disparaître de sa surface les particules, notamment la poudre de fusain, les pigments qu'elle récupère lors de son utilisation normale.

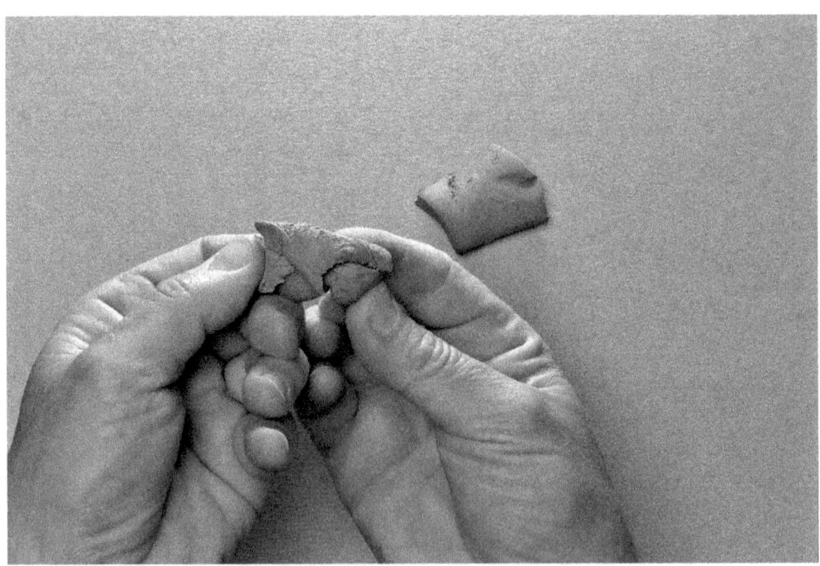

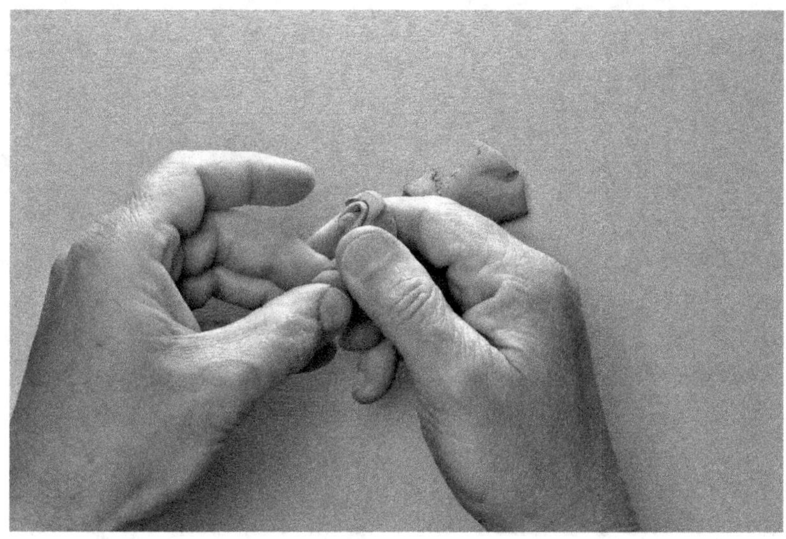

Ce malaxage deviendra au bout de quelques séances de dessin automatique entre vos doigts, vous aurez toujours une gomme prête pour son utilisation.

Après un énième malaxage, si votre gomme mie de pain reste désespérément « noire », il est grand temps de la changer.

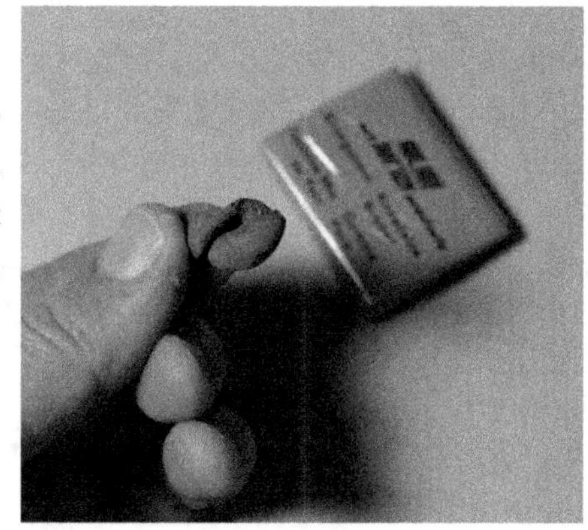

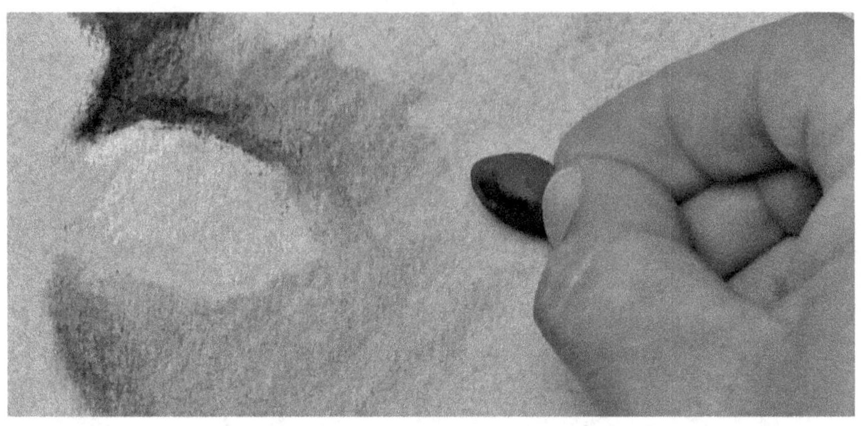

L'utilisation de la gomme mie de pain et très simple, généralement **on tapote la partie à éclaircir**, on évite de frotter. Il est possible de l'effiler pour travailler de minuscules détails.

<u>Ses principaux avantages :</u>

• Elle ne laisse pas de particules sur le support .

• Sa malléabilité permet de créer des formes de toutes sortes, notamment en pointe. Cela permet de gommer des parties très délicates de nos études.

• Elle gomme plus ou moins selon la pression que l'on exerce dessus.

• Elle est prévue pour un usage de longue durée.

Ses inconvénients :

• Elle absorbe la sueur des doigts du dessinateur.

• Elle peut capturer des éléments gras, parfois durs, cela a pour conséquence de laisser sur notre papier des taches, des micros griffures. Donc, soyez vigilant sur ces points. Il serait vraiment dommage que le regard de l'observateur de votre dessin soit attiré par ces éléments non voulus.

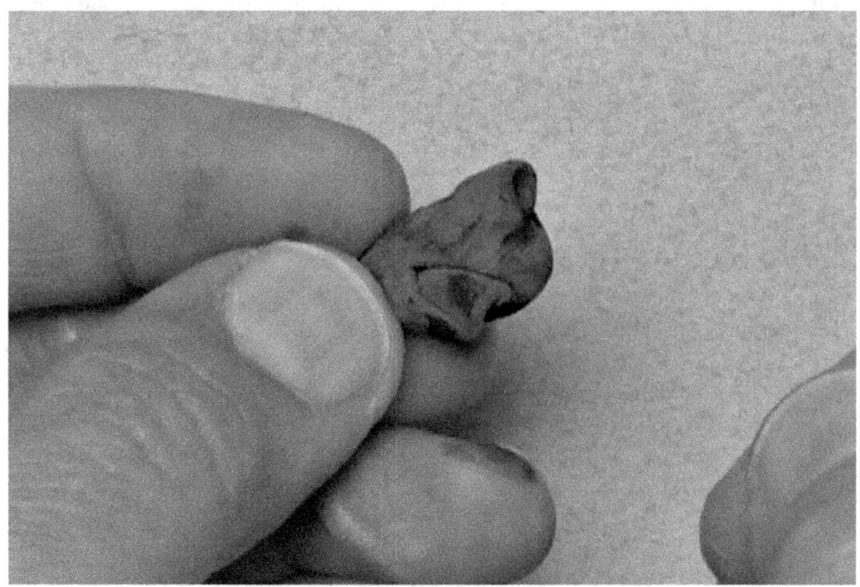

6 : Le papier

Le dessin au clair-obscur s'accommode d'une multitude de papiers. Un simple papier de type imprimante suffira amplement pour de simples études. Dans notre apprentissage, ce support devra être obligatoirement teinté. Vous allez le voir, cette teinte va faire partie de notre échelle de valeur. Je travaille souvent avec du papier kraft de qualité. Sa teinte chaude s'harmonise parfaitement avec la sanguine notamment.

Dans le cadre de cette initiation, je vais travailler avec mon fusain sur une teinte grise.

Volontairement, je me limite à un seul type de papier.

Il s'agit du papier Mi-teintes de chez Canson.

Il se trouve facilement en boutique ou en ligne.

La teinte gris ciel sera mise à profit dans nos différentes créations.

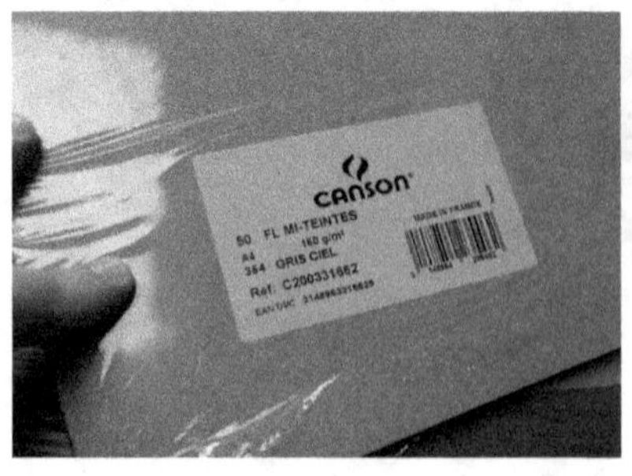

Il existe un lot de 50 feuilles de papier Canson Mi-Teintes « **Gris ciel** », format A4 , en 160 grammes, son rapport qualité/prix est excellent.

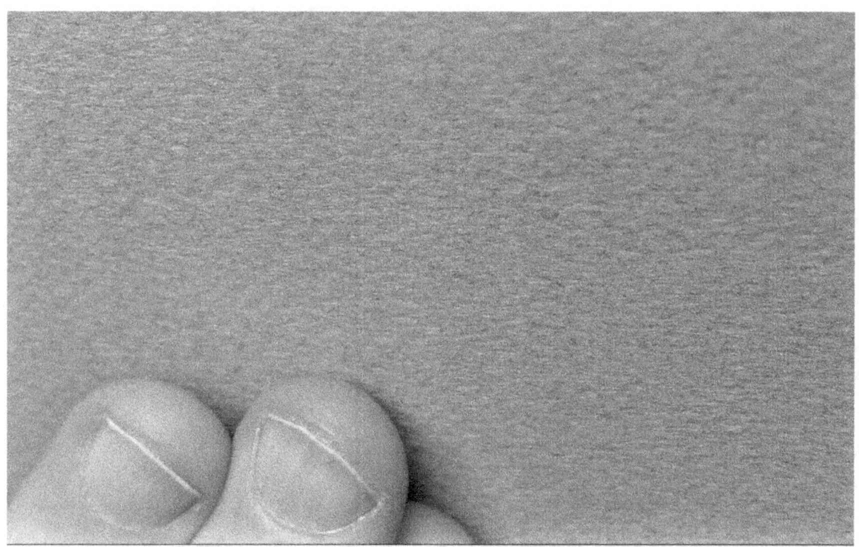

Ce papier mi-teinte présente un **verso en « nid d'abeille »**. Cela **permet des effets de matière**.

Pour l'instant, je vous conseille d'**utiliser le recto, qui est lisse**.

Cela facilitera grandement nos futurs estompages.

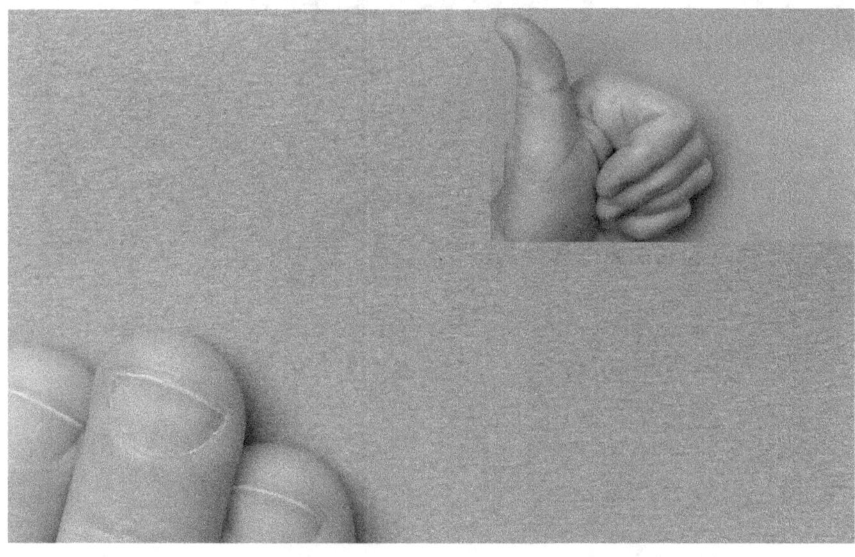

7 : Les outils optionnels

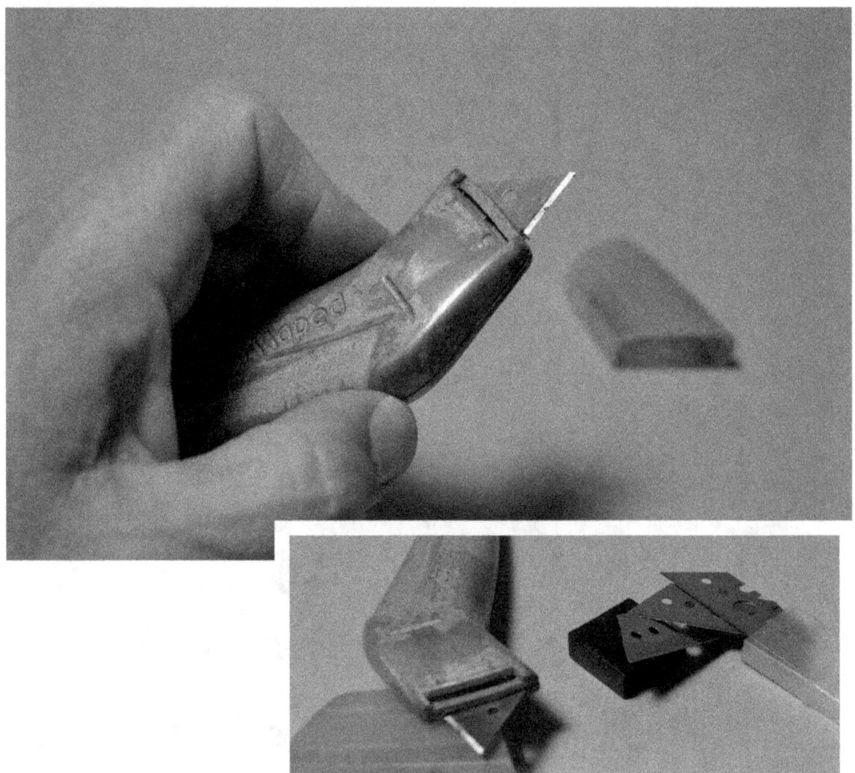

- **Un cutter et ses lames de rechange**, utile pour tailler nos crayons fusains et pastels blanc.

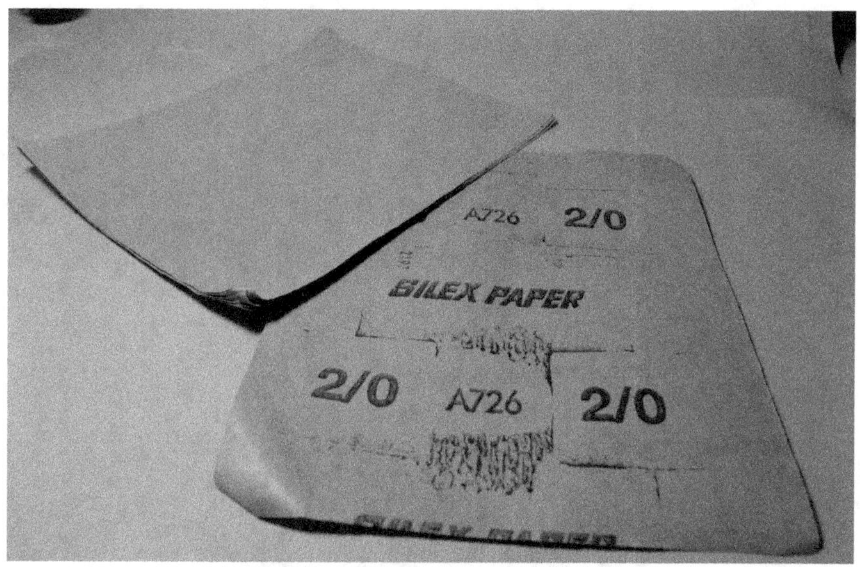

- **De la toile émeri** avec un grain fin est idéale. Elle va nous servir à polir nos différentes mines, ainsi que notre estompe.

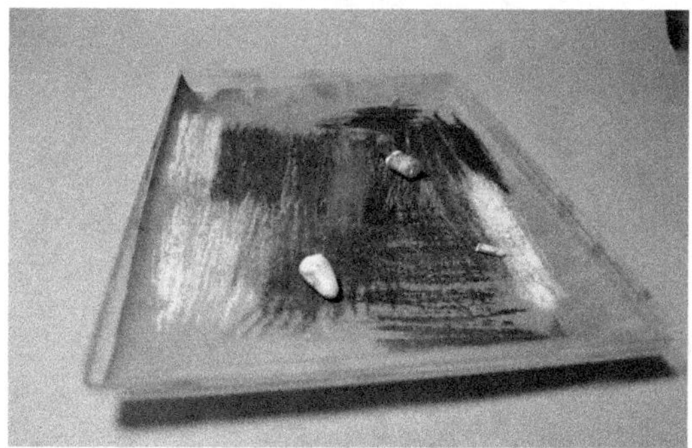

La toile émeri fixée dans un couvercle permet de polir aisément nos différents médiums sans pour autant répandre les pigments sur notre plan de travail.

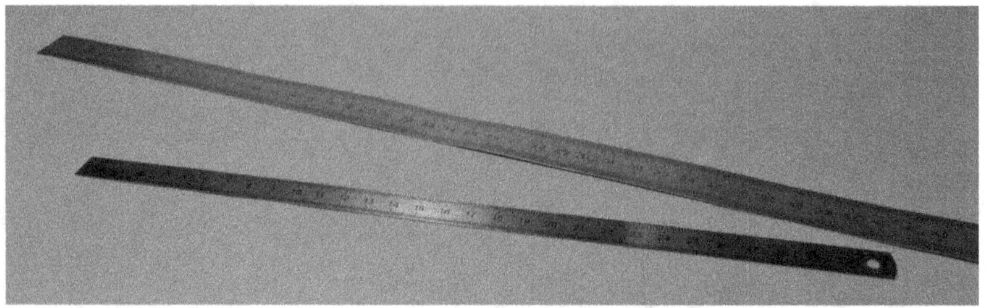

- **Une règle plate de 50 cm.**

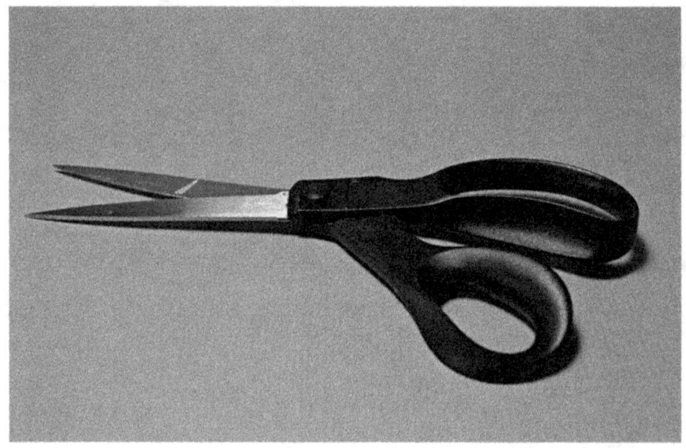

- **Une paire de ciseaux.**

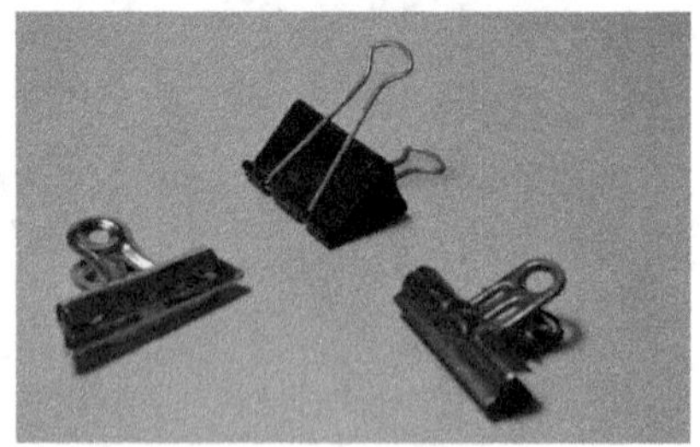

- **Un lot de pinces.**

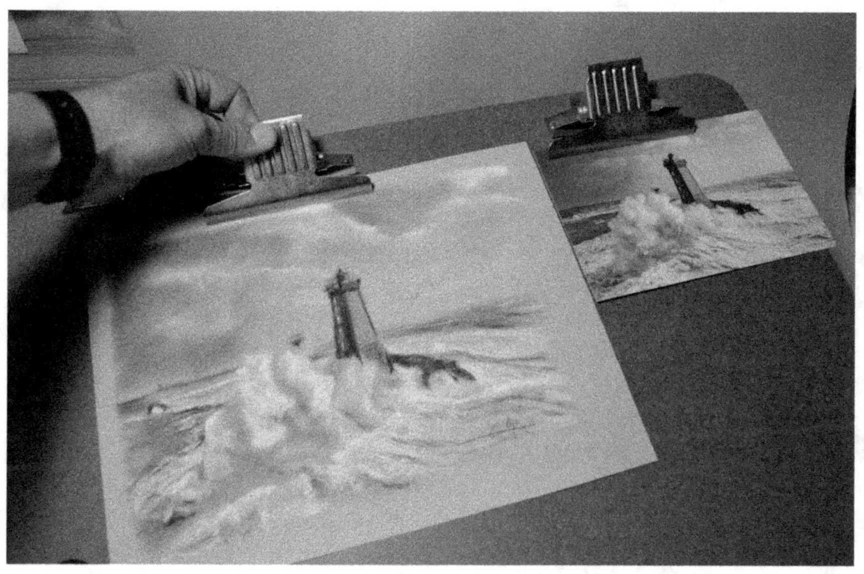

• Une planche à dessin, minimum format A3

Elle s'adapte à toutes les situations de vos séances de dessin en offrant un support optimal à votre feuille. Une simple plaque de contre-plaqué suffit. 2 pinces compléteront votre kit.Si vous travaillez d'après photo, vous pourrez ainsi facilement fixer votre visuel dans le même champ de vision que votre feuille à dessin.

Il existe des planches à dessin inclinables.

Personnellement j'utilise ce modèle, je l'apprécie pour ces dimensions généreuses (50 cm X 75 cm) avec un encombrement une fois replié raisonnable.

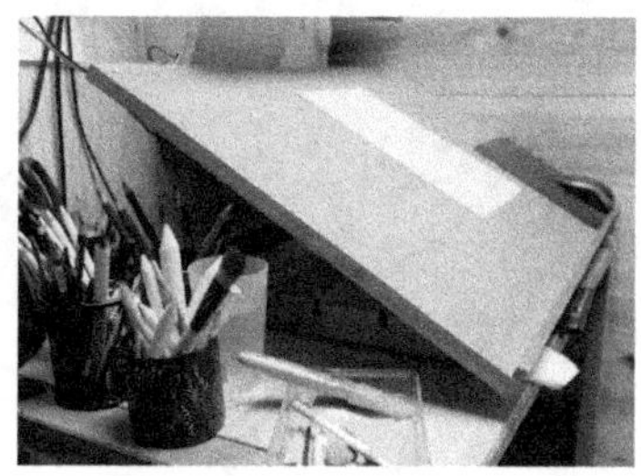

- **Un pastel tendre blanc Rembrandt**

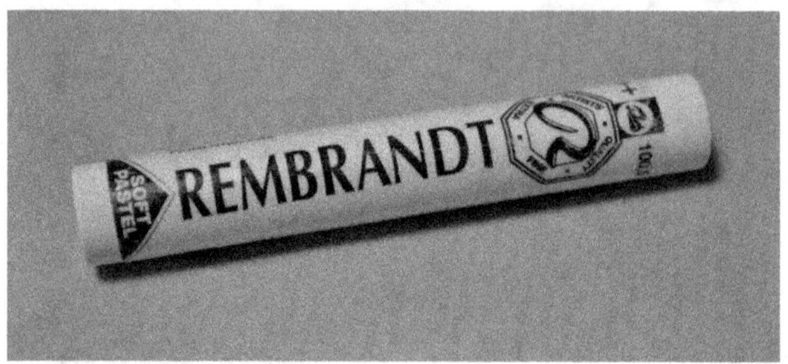

Ce pastel tendre sera utile pour le rehaut de lumière.

Taillé en pointe, il donnera une touche extraordinaire, la plus intense dans le rendu de la lumière sur notre papier teinté.

Comme tous les pastels, il est fragile, il faut le manipuler et l'utiliser avec précaution.

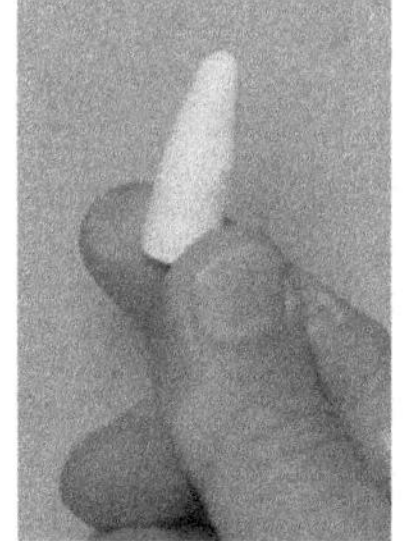

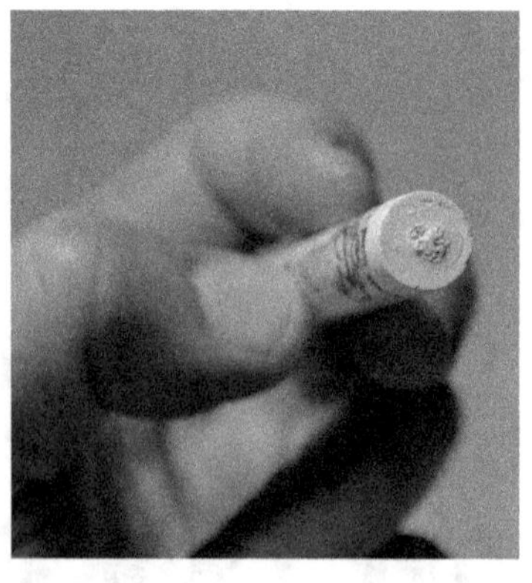

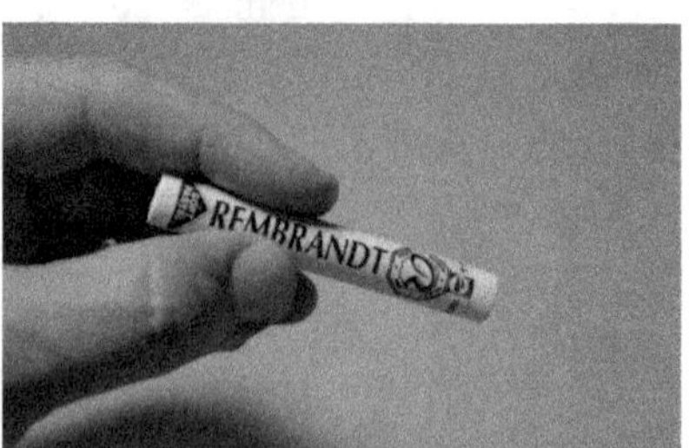

Préparation du matériel de dessin

Nous allons voir dans cette partie comment préparer nos différents outils de dessin.

Avant toute séance de dessin réalisé sérieusement (même si cela dois rester un véritable plaisir) nos différents outils, en tout cas ceux qui doivent intervenir sur notre étude, sont à préparer avec soin.

Le fusain naturel, notamment la mignonnette ne demande pas de préparation particulière, son diamètre est assez petit pour pouvoir être

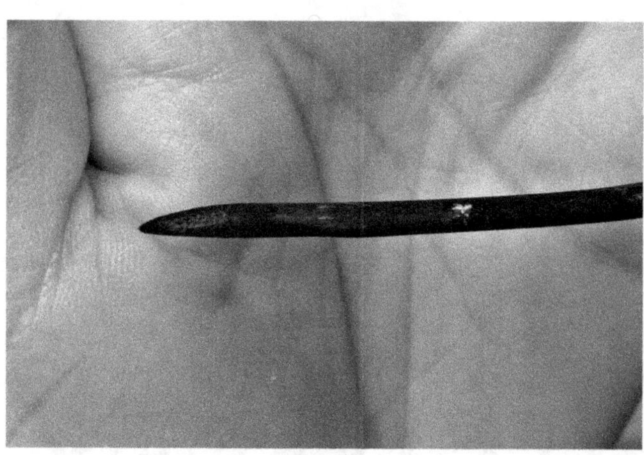

utilisé directement sur notre support papier.

Pour des fusains naturels dont le diamètre est supérieur, on peut éventuellement les polir sur un bout de papier abrasif (placez votre papier au-dessus d'un récipient afin de récolter la poudre de fusain et d' éviter ainsi d'en répandre inutilement partout).

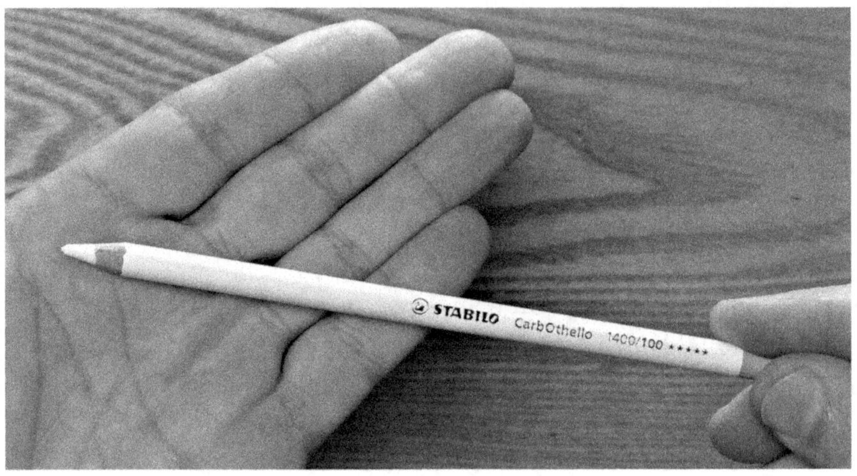

Le crayon fusain, le pastel blanc ou tout autre crayon de caractéristique identique.

Le bois (tendre) qui recouvre la mine doit être enlevé.

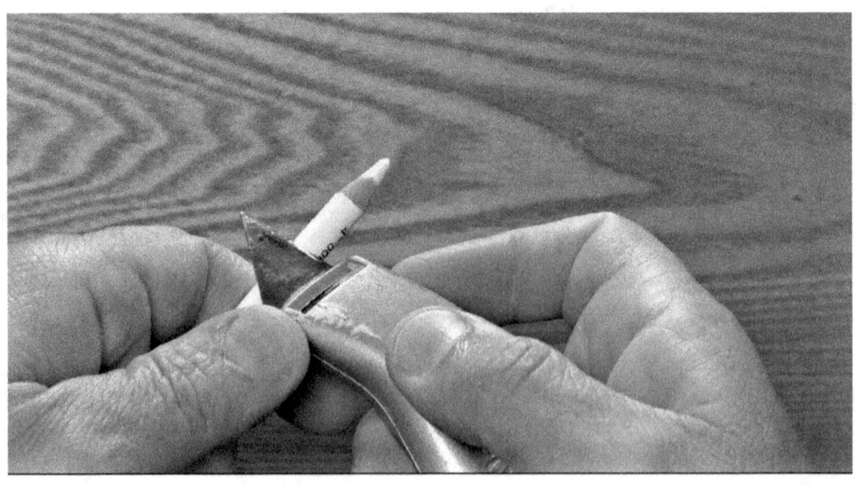

Cette opération de taille au cutter présente un certain danger, si vous n'avez pas l'habitude de manipuler des outils tranchants, faites vous aider par une personne plus aguerries.

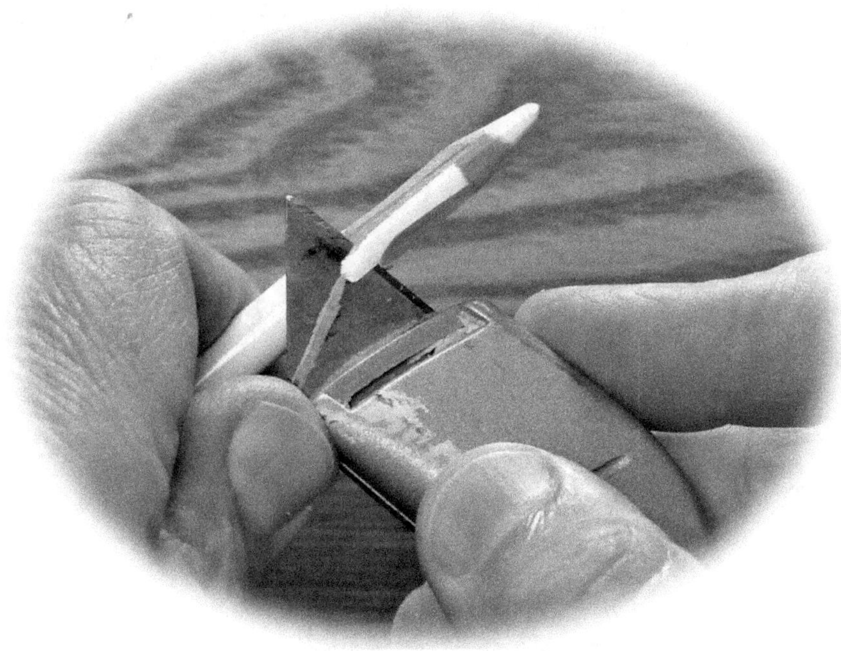

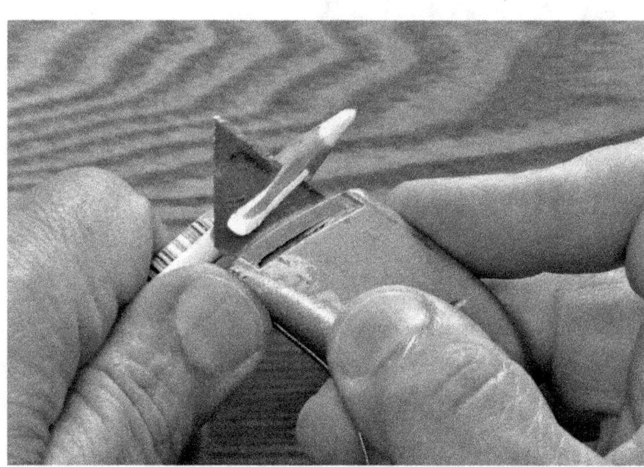

J'explique ici la préparation de la mine pour un droitier, le gaucher travaillera certainement en inversant les mains.

Tenez de la main gauche votre crayon, la droite le cutter.

Avec le pouce gauche exercez une pression sur le cutter pour tailler par petits copeaux le bois autour de la mine. n'allez pas trop profond,

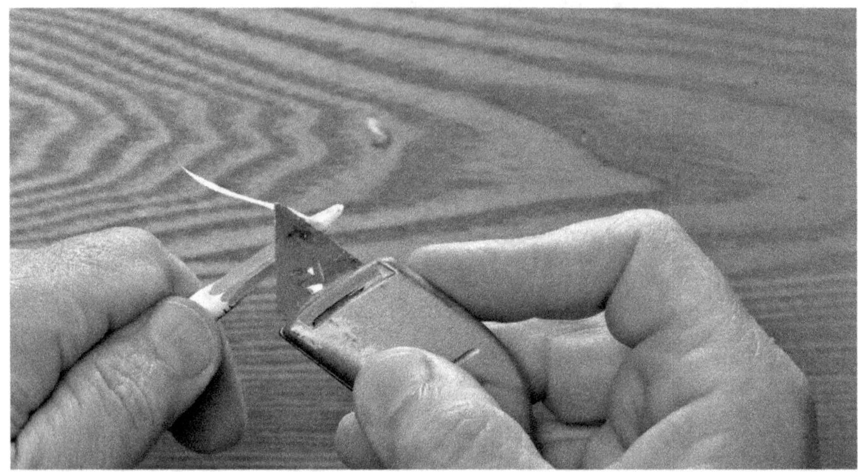

patience et méthode pour ne pas casser votre mine. Il faut tenir la lame le plus parallèle possible au crayon. Une rotation régulière permettra de tailler uniformément le crayon.

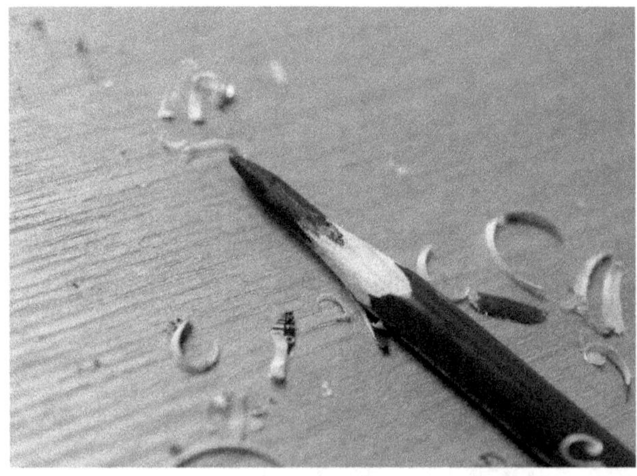

La mine est généralement « collée » à l'intérieur du fût de bois, avec votre lame, **grattez délicatement cette colle**.

Une fois le bois enlevé sur 1,5 cm à 2,5 cm, nous allons polir la mine.

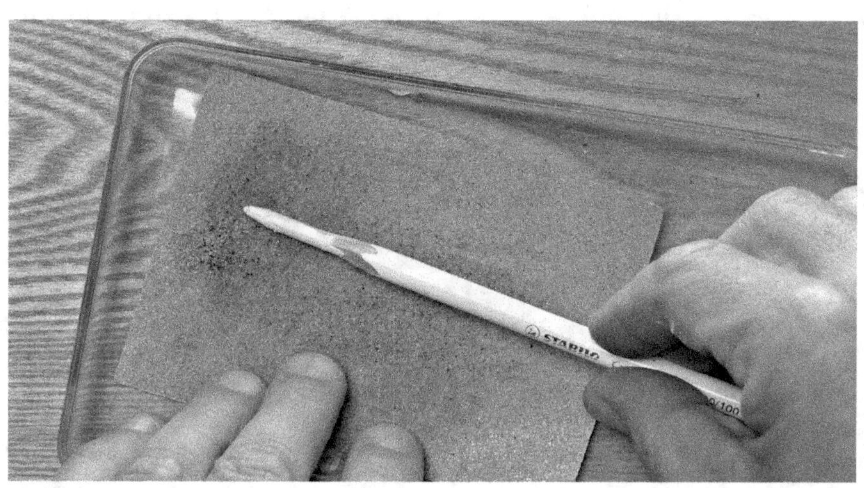

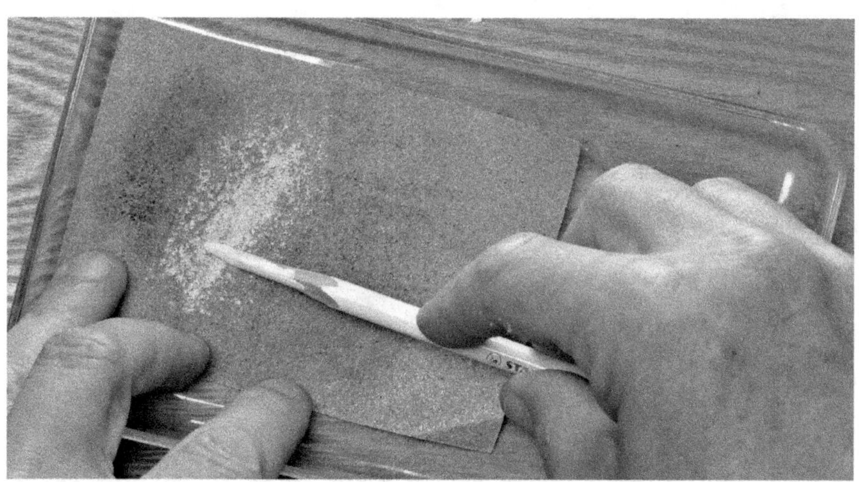

Vous allez **décrire une ellipse.** Veillez à **tenir votre mine le plus**

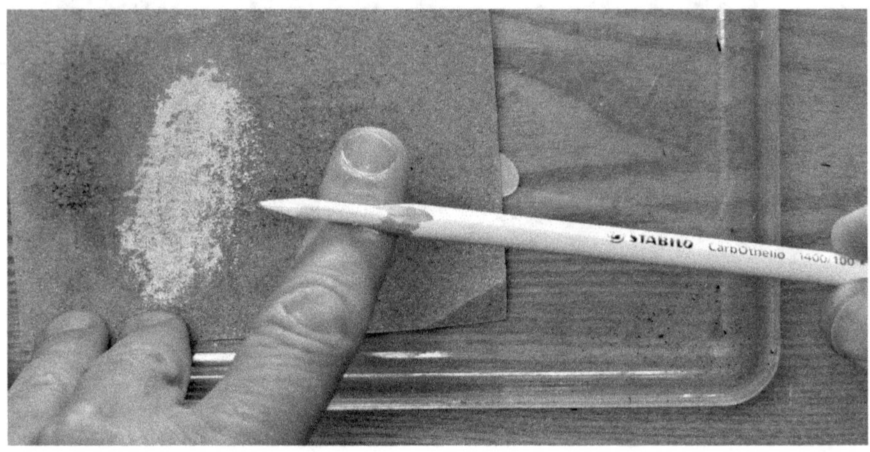

horizontalement possible. Le but est d'obtenir une mine longue de 1,5 cm à 3 cm d'aspect conique.

Pour cela, il vous faudra exercer une rotation régulière du crayon en bout de doigts.

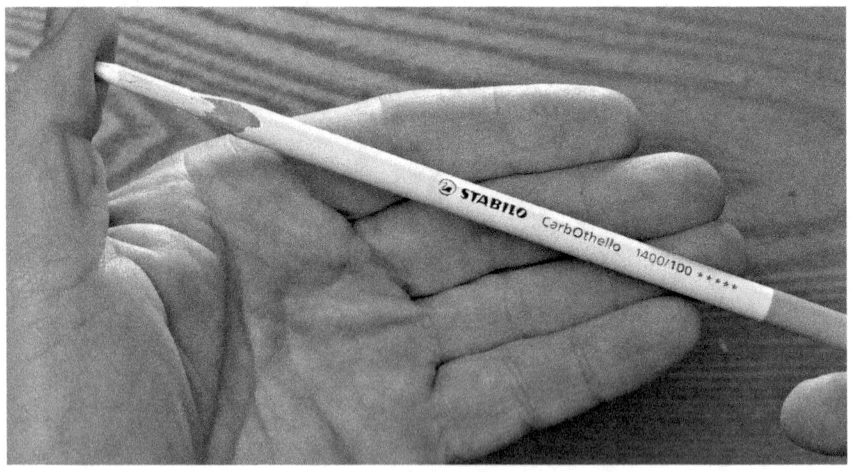

Une mine parfaitement opérationnelle.

Il est important d'obtenir cette mine conique. Lorsque vous allez faire vos différents tracés sur la feuille, le pigment doit s'y déposer le plus régulièrement possible. Si votre mine présente un « méplat » cela risque de compromettre cette application.

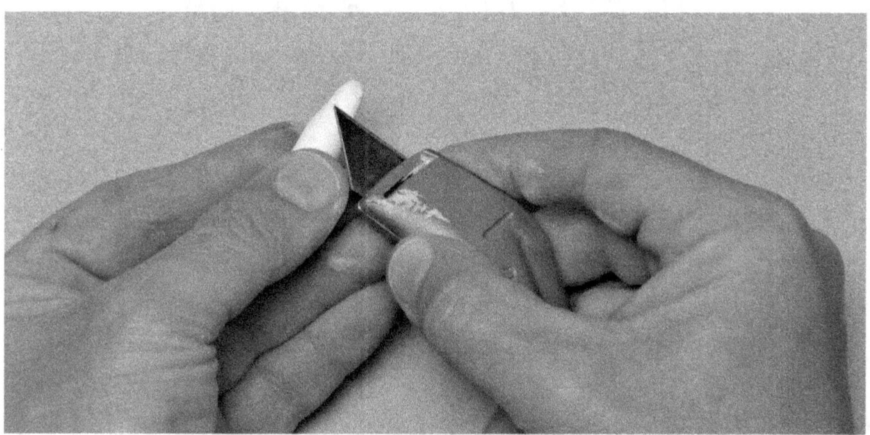

Concernant la préparation du pastel tendre Rembrandt, il suffira, en prenant toutes les précautions nécessaires, de la tailler en pointe avec la lame de votre cutter. Nous utiliserons principalement son extrémité. Cette pointe devra donc être la plus fine possible pour les petits détails dans le rendu des hautes lumières.

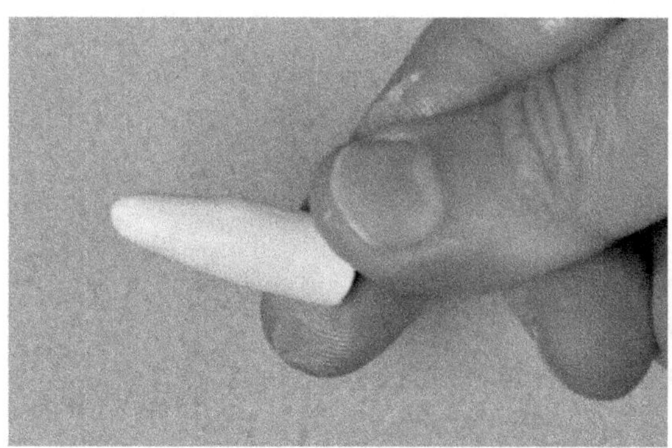

L'importance d'avoir des « marqueurs » de progression

Je vous conseille de **conserver toutes les études** (dessins) que vous allez réaliser dans votre apprentissage du clair-obscur. Cela sera un formidable **« marqueur » de votre progression**. De vos premiers tracés, réalisés fébrilement aux plus récents beaucoup plus aboutis.

Vous pouvez les **archiver dans une simple pochette à dessin**, peu importe, l'essentiel est de pouvoir **y accéder facilement**.

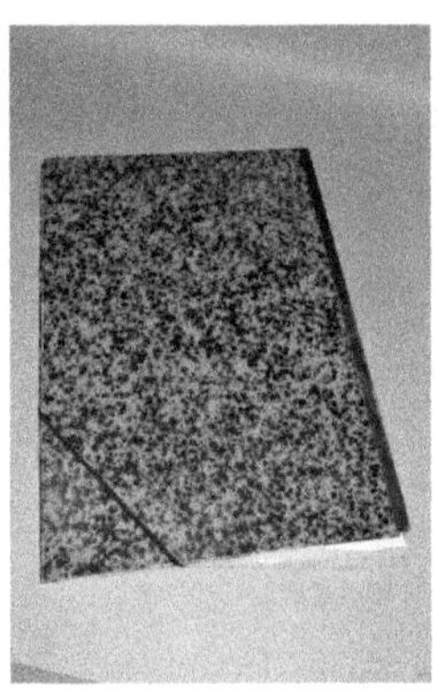

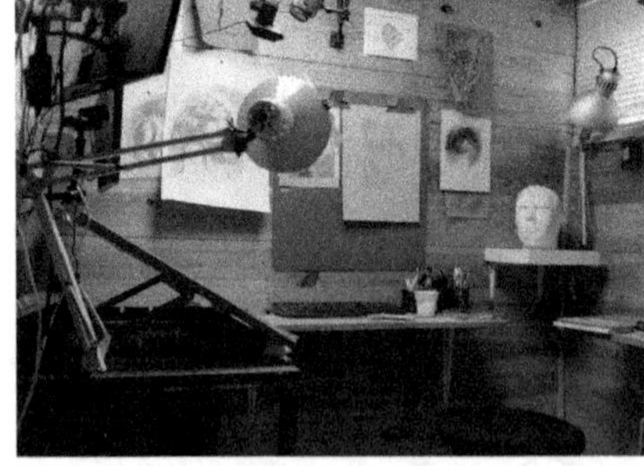

Si votre environnement de dessin le permet, vous pouvez afficher quelques-uns d'entre eux, les plus pertinents, comme les échelles de valeurs, des tracés d'ombres. N'oubliez pas vos études dont vous êtes le plus fier, elles sont toujours une source visuelle de motivation.

État d'esprit et échauffement

Comme un musicien travaille ses gammes, nous devons nous aussi travailler les nôtres.

Cela prendra la forme d'un échauffement des membres qui entrent en action dans notre pratique artistique. Les **doigts**, le **poignet**, le **coude**, l' **épaule**.

Je vous conseille de **ne pas négliger cette phase préparatoire**. Elle va vous aider au-delà du pur échauffement physique à vous conditionner pour votre activité favorite.

À cette occasion, votre cerveau va recevoir un agréable message, lui indiquant qu'une séance de dessin va débuter.

Vous êtes en ce moment dans une phase d'apprentissage. La motivation est là, tous les voyants sont donc au vert pour prendre dès maintenant cette bonne habitude.

De plus cet échauffement se réalise facilement et ne demande que peu de temps. Si la température ambiante est agréable cela se résume même à quelques secondes.

Mise en œuvre

(à faire seulement en fonction de votre capacité physique du moment).

Épaule :

Assis ou debout, **bras tendu à 90 degrés vers l'avant**, décrivez un mouvement circulaire dans le sens des aiguilles d'une montre, avec une petite amplitude au début, finissant au bout de 10 à 20 rotations par une plus grande amplitude.

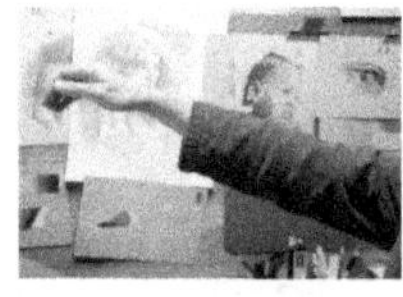
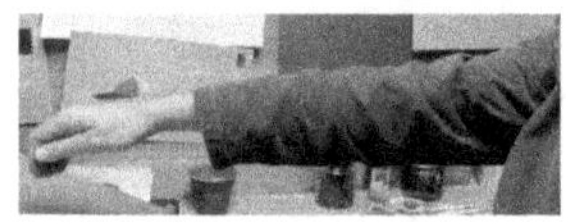

Refaites la même opération, cette fois-ci dans le sens inverse des aiguilles d'une montre.

Coude :

En partant de la même position que l'échauffement de l'épaule, pliez, dépliez **lentement** votre coude en ramenant la paume de la main au niveau de votre poitrine. Faites ce mouvement entre 15 et 20 fois.

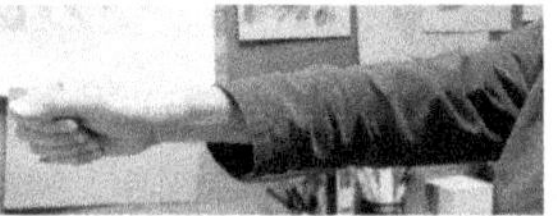
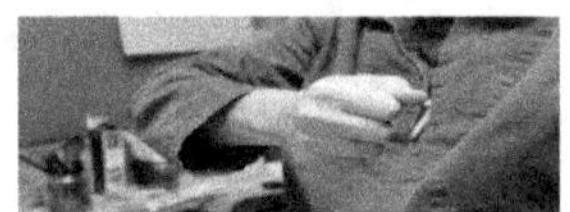

Poignet :

Doigts joints, lentes rotations du poignet, 5 fois dans un sens, puis 5 fois dans l'autre,

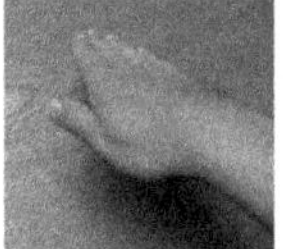
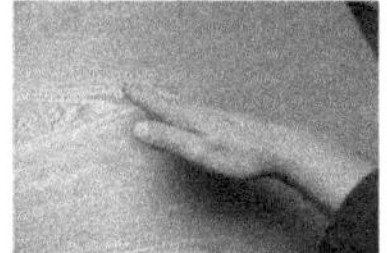

Les doigts :

Simulez durant 10 à 20 secondes avec vos doigts le grattage d'une mousse en polystyrène par exemple. Doucement au début, plus rapidement vers la fin du temps.

Voilà, vous êtes « chaud » pour attaquer sereinement vos premiers tracés.

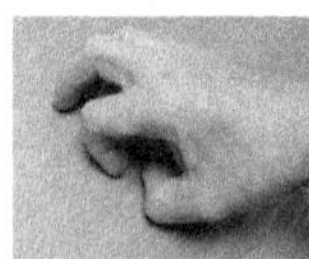
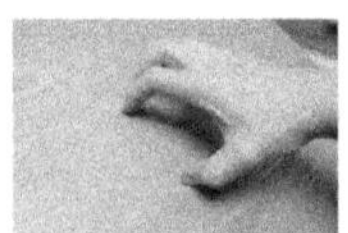

Bonne tenue des outils de dessin

Personnellement, je vous conseille de prendre l'habitude de tenir votre fusain naturel, crayons, estompes de cette manière, un peu comme le peintre tient son pinceau.

L'outil de dessin au bout des doigts, le pouce opposé au 4 autres, faisant office de pince.

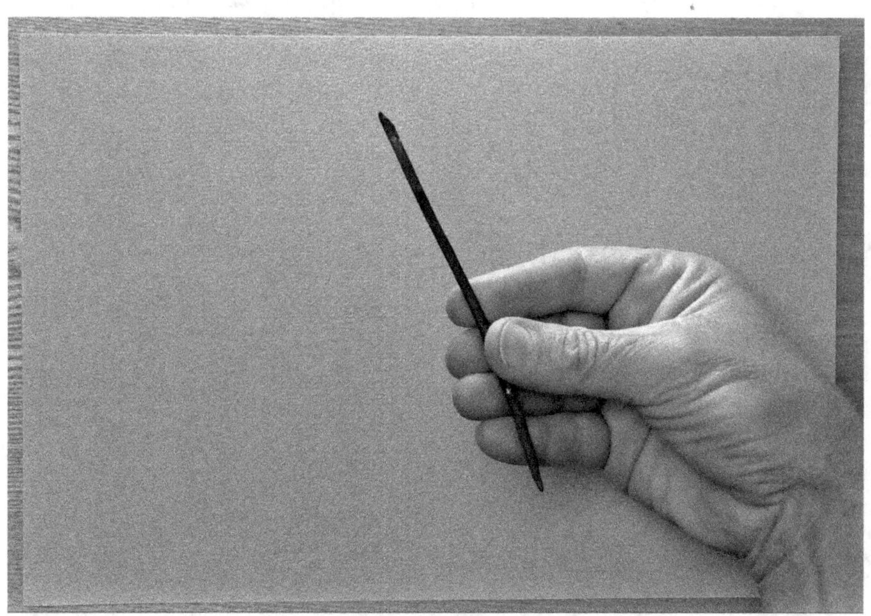

La mignonnette de fusain en bout de doigts.

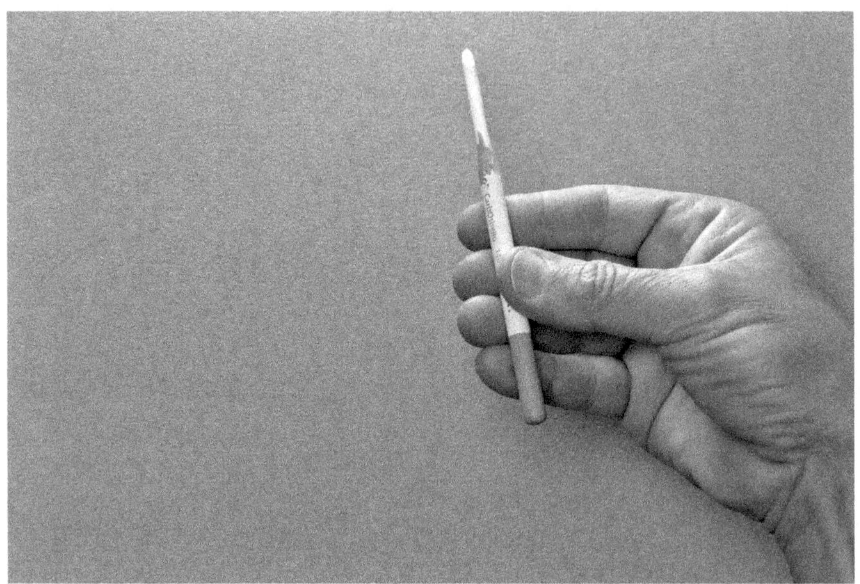

Le crayon pastel blanc avec sa mine préparée en bout des doigts.

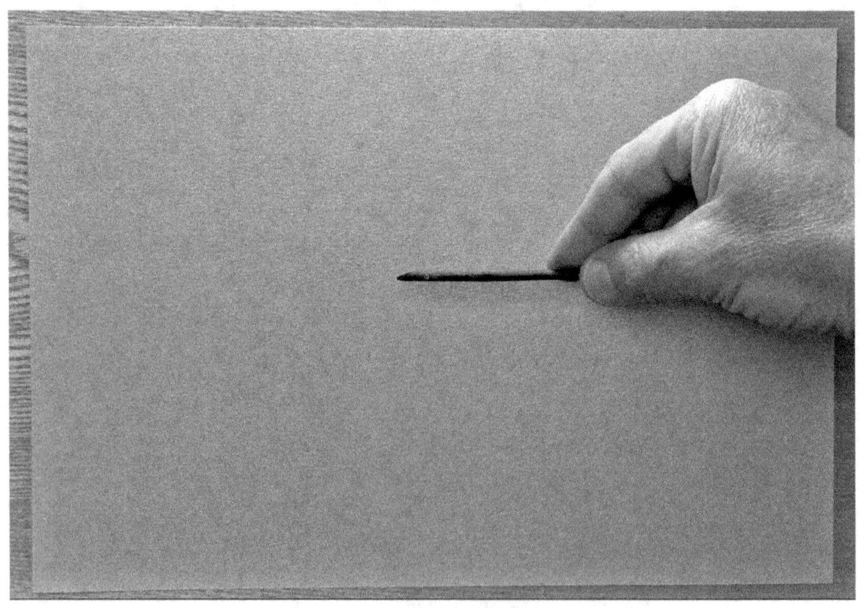

Votre mine doit être positionnée la plus horizontale possible.

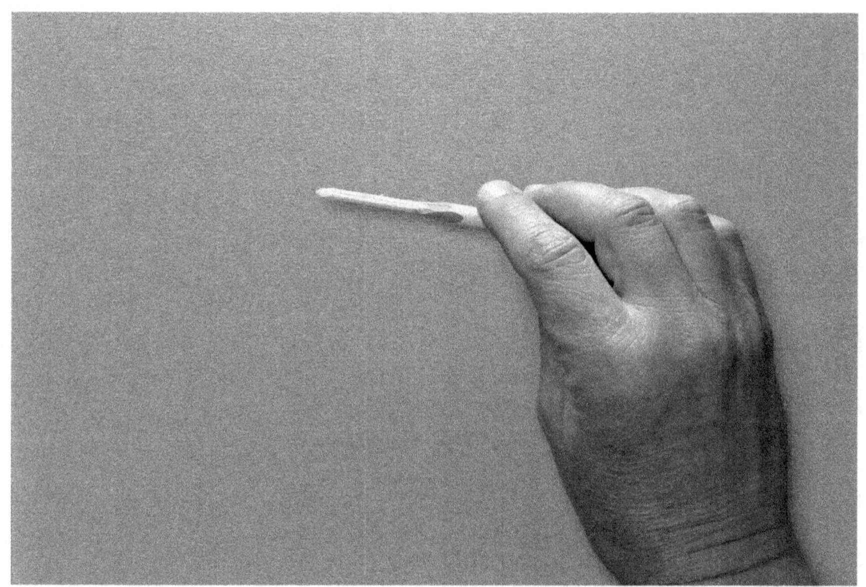

Au début, vous allez certainement trouver cette position inconfortable. Connaître les crampes au niveau articulaire, tendons.

Allez-y progressivement, faites de petites séances de dessin en adoptant cette position.

Le but consiste à placer votre mine le plus horizontalement possible par rapport à votre support papier. Faire un tracé assez large en exerçant une pression modérée sur votre outil pour éviter qu'il ne casse (inévitable lors de vos premiers essais).

Cette position facilitera la rotation du fusain et des autres crayons qui doit être effectuée en même temps que vous faites vos tracés.

Ne vous inquiétez pas, avec l'habitude, cette rotation, associée à l'inclinaison du crayon deviendra naturelle. La mine sera ainsi polie de manière idéale, il n'y aura pas d'angle net qui risque dans certain cas de laisser des marques non souhaitées sur le papier.

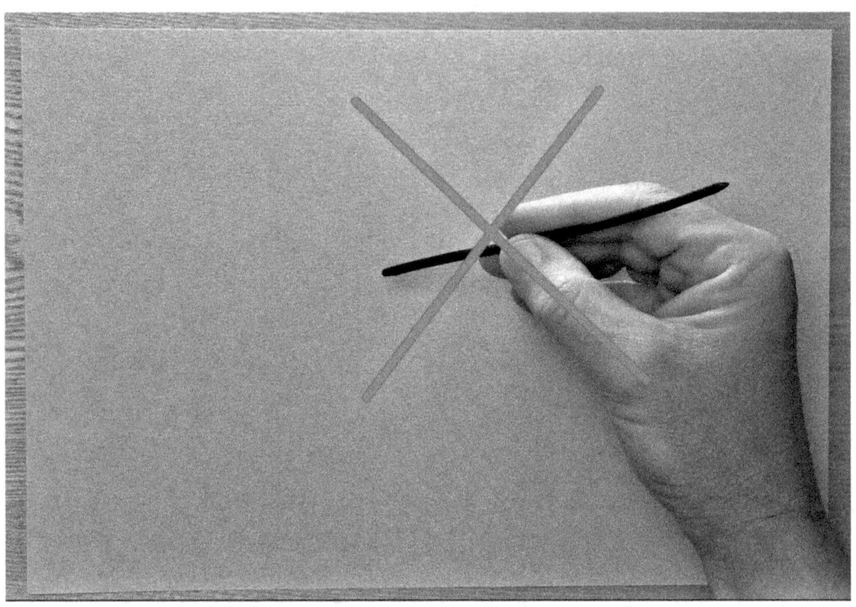

Réservez **cette position** « scolaire » **uniquement pour intervenir avec précision sur votre dessin**.

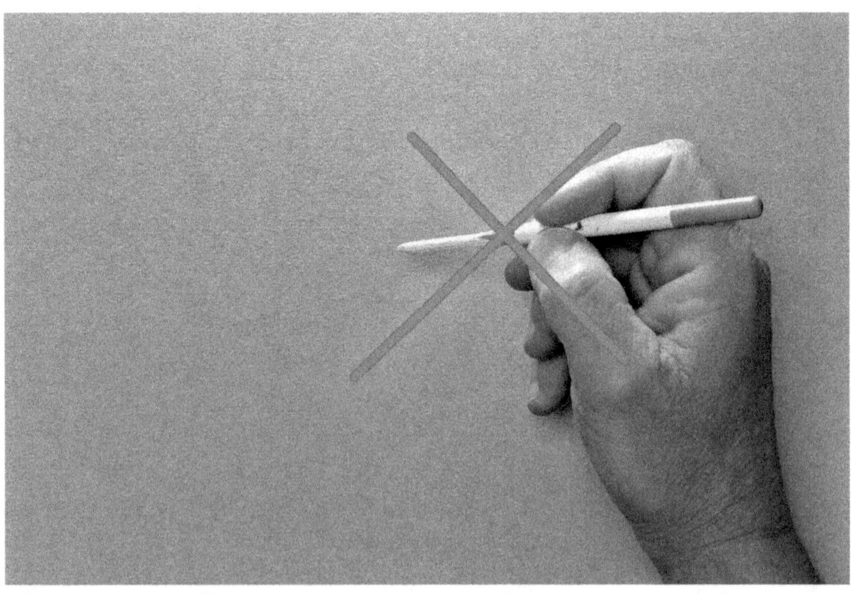

Échelle de valeurs

Nous allons aborder maintenant l'échelle de valeurs. Elle va être le premier **élément important dans les notions de bases à connaître sur le dessin au clair-obscur**.

Rien de bien compliqué, vous aller le voir.

Le fusain naturel quand il est appliqué sur notre feuille un gris foncé, presque noir.

Lorsque, à l'aide de nos doigts ou de l'estompe nous le frottons, sa valeur la plus foncée, devient de plus en plus claire.

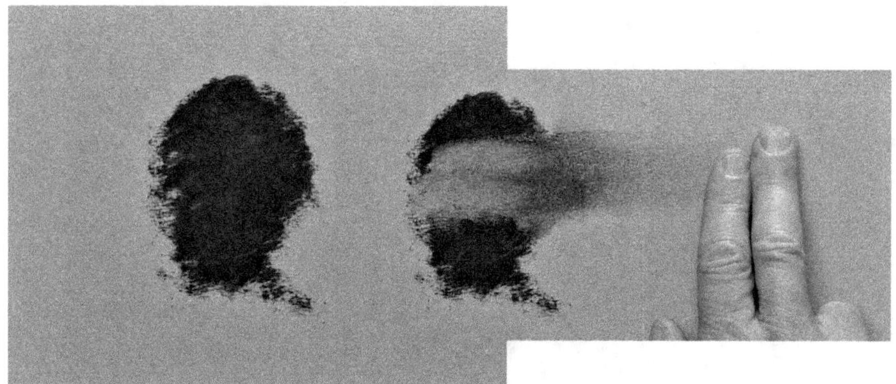

Nous venons de faire indirectement notre première échelle de valeur.

Création de notre première échelle de valeurs

Le matériel nécessaire :

1. feuille mi-teintes canson gris ciel, A4

2. crayon fusain « HB »

3. fusain en mignonnette

4. estompe

5. crayon pastel blanc

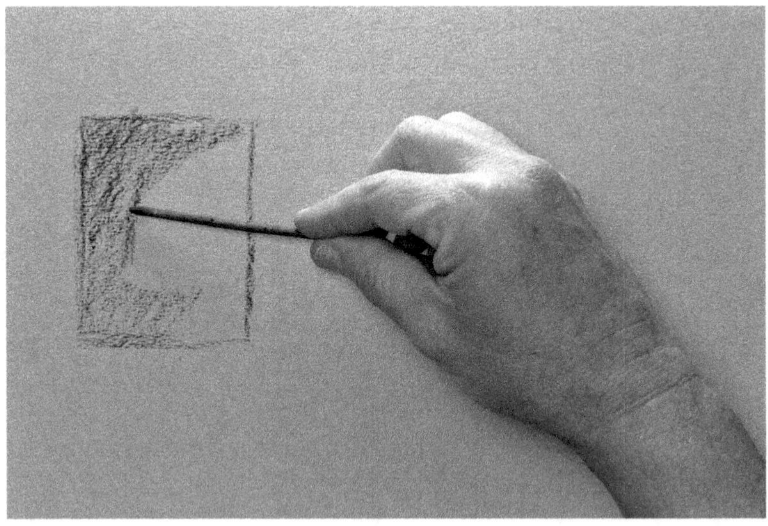

Avec le fusain, dessinez un rectangle, remplissez-le d'un tracé régulier.

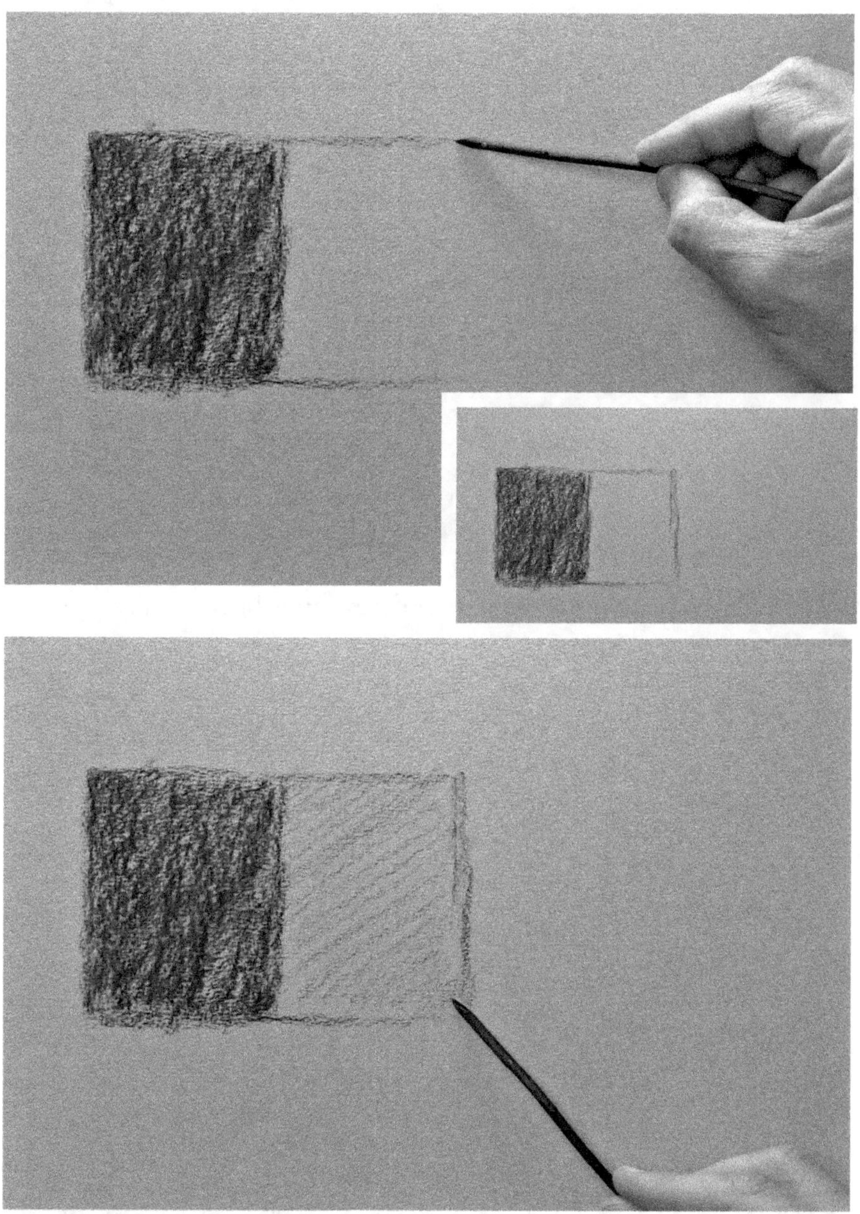

À sa droite, dessinez la même forme, remplissez-le de fusain avec une valeur divisée de moitié.

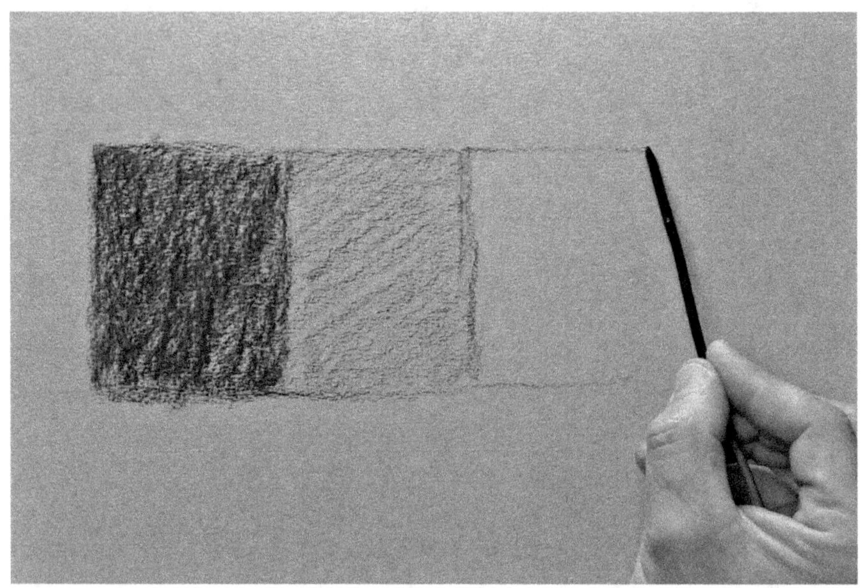

À sa droite, tracez toujours au fusain deux lignes horizontales.

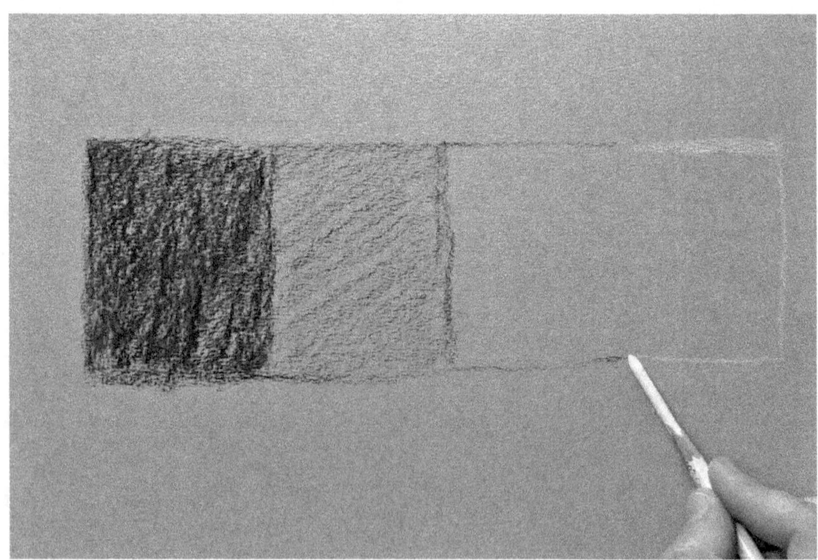

Avec le crayon pastel blanc, tracez le dernier élément de notre échelle de valeur (un rectangle dont le côté gauche est volontairement absent).

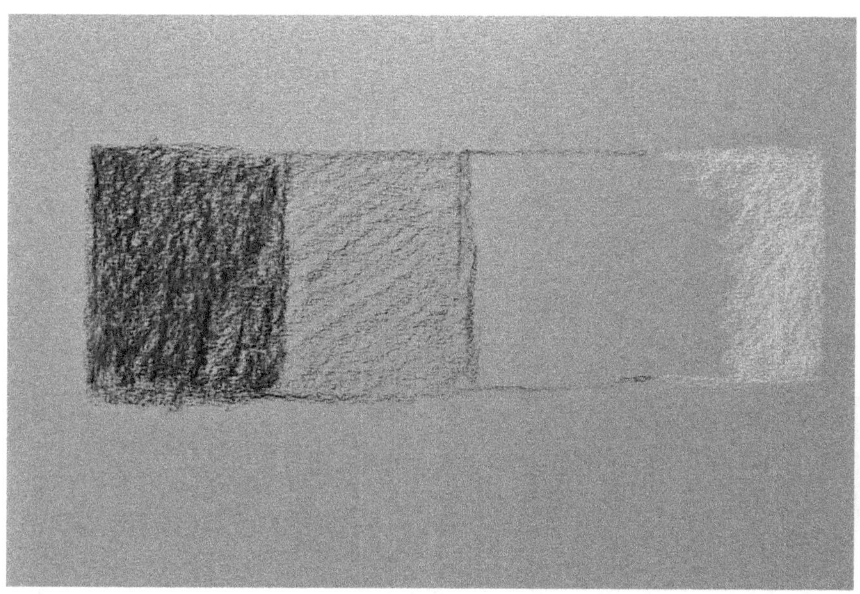

En partant tout à droite, revenez vers le centre de ce dernier élément. Veillez à avoir un tracé harmonieux, dense, proche de la saturation au début, plus modéré en vous approchant du centre de ce dernier rectangle.

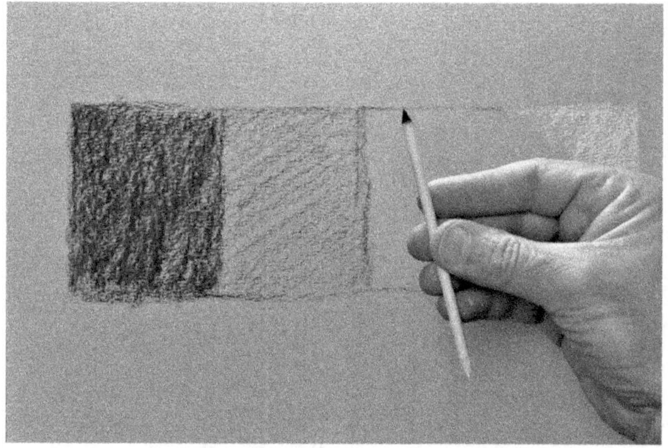

Nous allons maintenant estomper ces différentes valeurs.

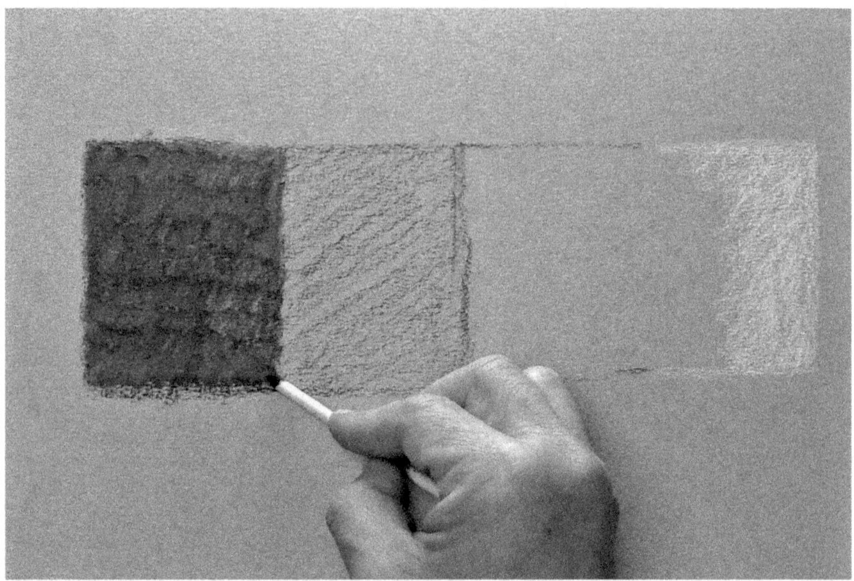

Honneur à notre valeur la plus foncée. Travaillez en plusieurs passes, de haut en bas et de gauche à droite. Pensez à bien faire un joli et régulier mouvement elliptique avec votre estompe.

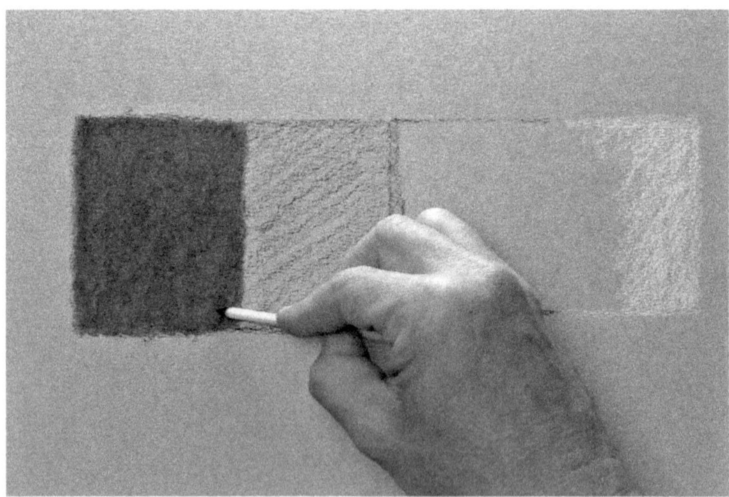

Patience, est le mot qui me vient à l'esprit. Il en faut pour obtenir une valeur intense et homogène.

Lorsque vous êtes satisfait (on ne l'est jamais assez), passez à la seconde case. De la même manière harmonisez du mieux possible cette valeur qui devra être 50 % plus claire que la précédente.

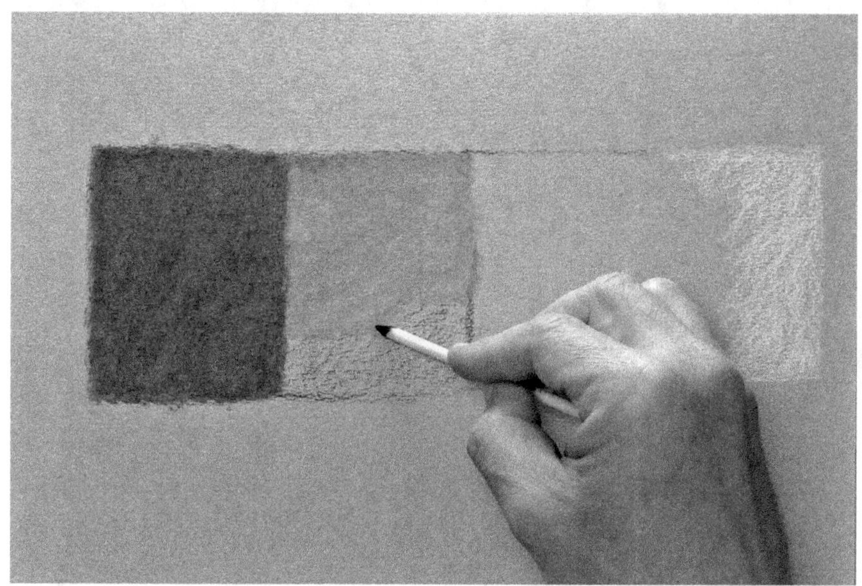

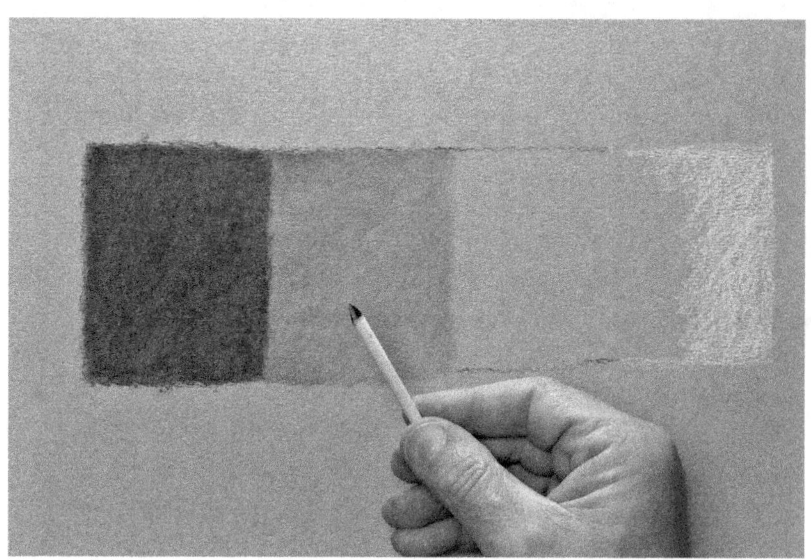

Si cela vous semble trop clair, rajoutez du fusain. **Il est plus facile de rajouter que d'effacer !**

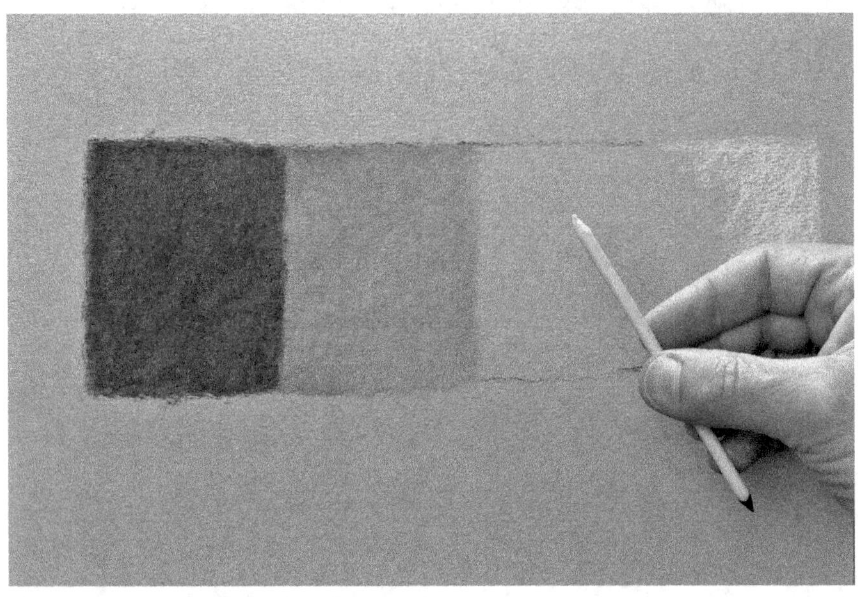

Nous venons d'estomper et par la même, terminer nos **deux premières valeur**s, elles correspondent aux valeurs « **sombres** ».

Maintenant, passons au deux dernières **valeurs « claires »**

Le troisième élément restera tel quel. La teinte de notre papier va faire partie des valeurs. Elle va jouer en quelque sorte un rôle de « tampon » entre la zone sombre et la zone claire. Nous serions bien bêtes de ne pas tirer profit de cette teinte grise qui s'harmonise parfaitement avec le gris du fusain.

En utilisant le côté réservé au pigment blanc, estompez le pastel blanc pour qu'il vienne se fondre complètement à la texture du papier.

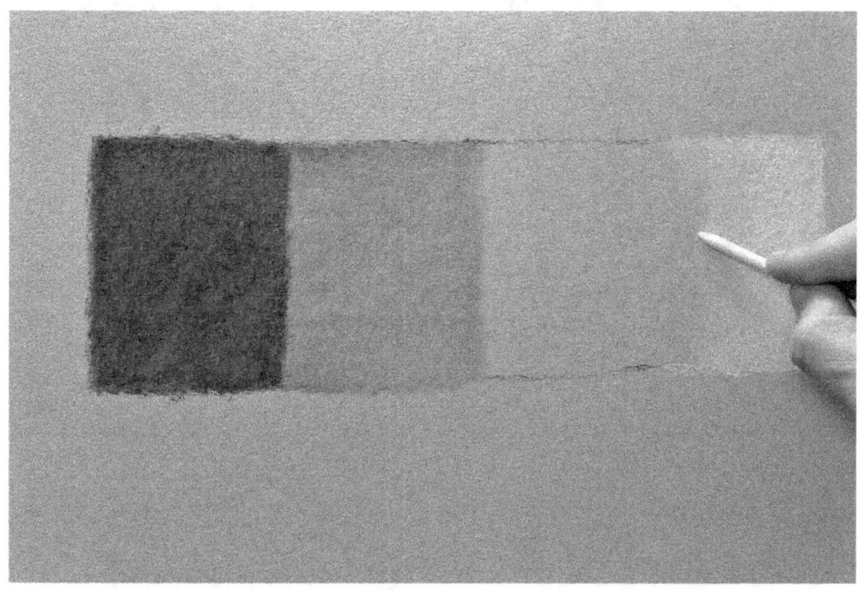

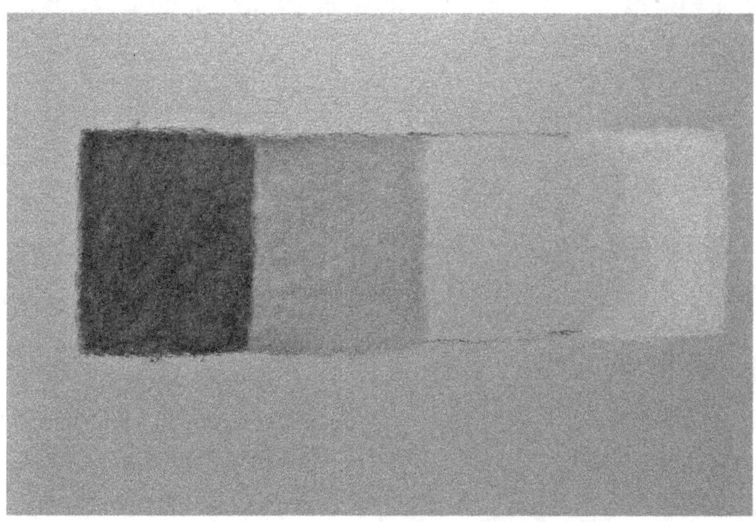

À gauche, **2 valeurs « sombres »**, à droite **2 valeurs « claires »**.

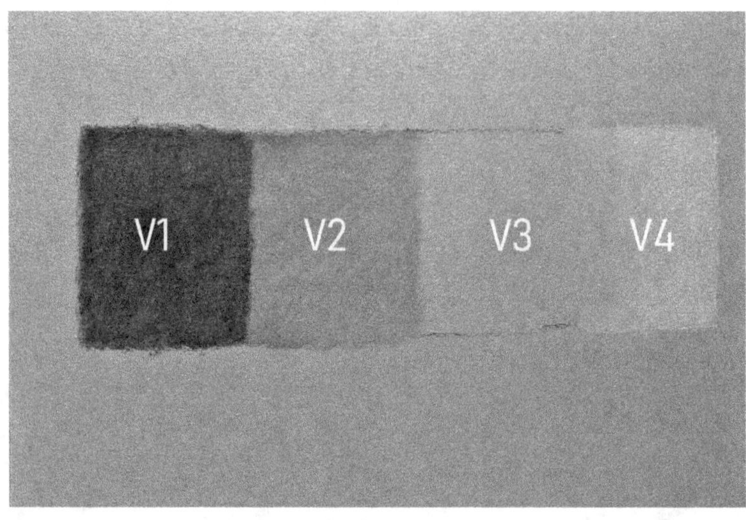

Pour une meilleure compréhension, je donnerai entre parenthèse les indications suivantes : (**V1**), (**V2**), (**V3**) et (**V4**) correspondant aux valeurs ci-dessus.

Tous les exemples de ce guide d'initiation, vont s'appuyer sur cette échelle de 4 valeurs associées à notre papier mi-teinte gris ciel de chez Canson.

Cette échelle peut biensûr être utilisée sur d' autres types de papier et de teintes différentes. Du moment que le rendu final correspond à vos attentes, tout est possible.

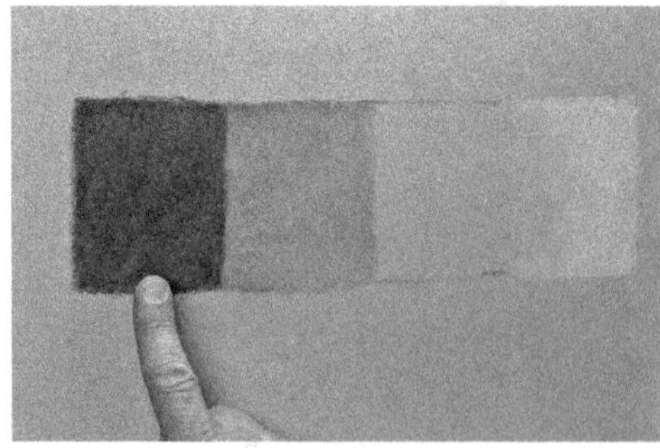

La valeur, la plus foncée (**V1**) est réservée pour **l'ombre portée**, mais aussi, généralement pour le **noyau de l'ombre propre** (*nous verrons ces ombres un peu plus loin, patience*).

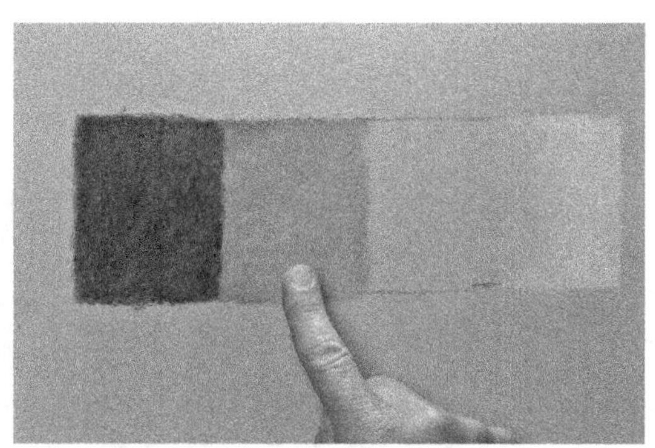

Cette seconde valeur (**V2**) sera réservée pour **la construction de l'ombre propre.**

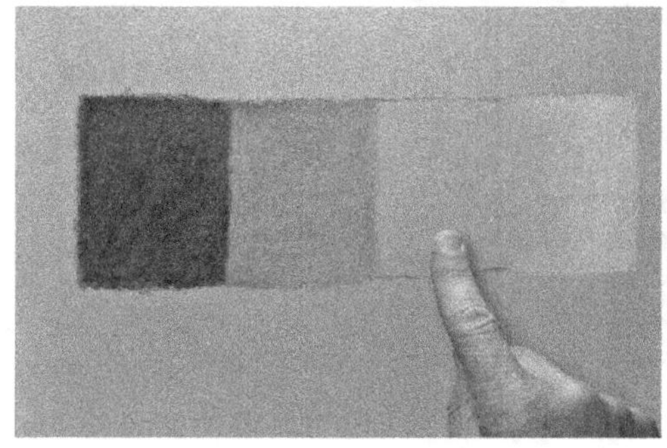

La troisième valeur (**V3**) qui fait partie de la zone « claire » (la teinte de notre papier) sera utilisée pour la **transition entre l'ombre propre** et la valeur la plus claire de notre échelle.

Justement, voilà notre dernière valeur (**V4**). Celle que nous réserverons pour le rehaut de lumière.

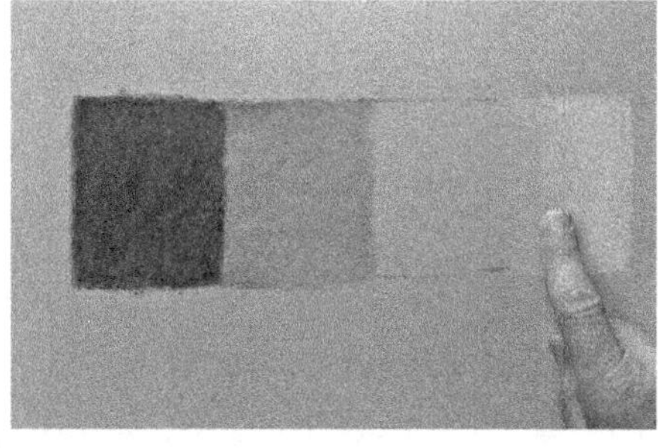

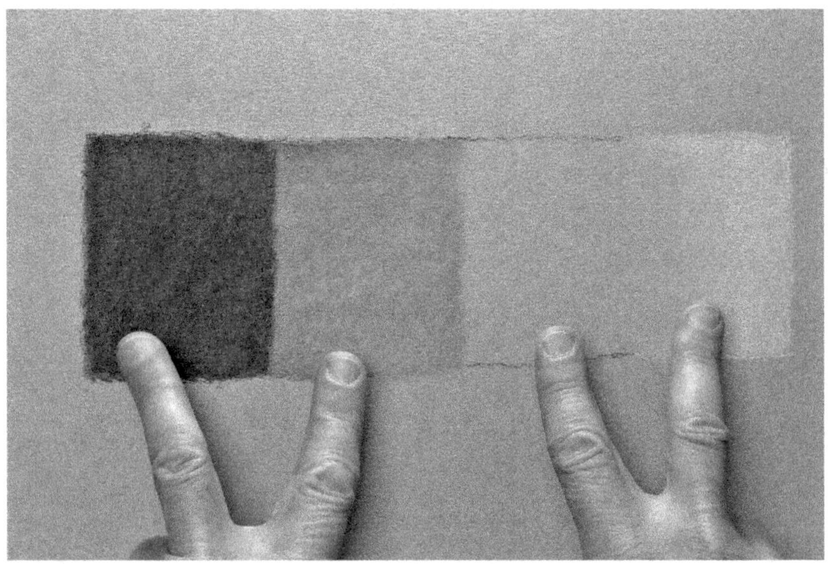

Vous voyez, à ce stade, rien de bien compliqué.

4 valeurs:

2 dans la zone sombre.

2 dans la zone claire.

Pour l'instant, laissons de côté cette échelle de valeur, nous allons la retrouver bien assez tôt, croyez-moi.

Premiers tracés

Nous allons faire nos premiers tracés. Veuillez toujours garder à l'esprit la bonne tenue de votre outil de dessin comme nous l'avons vu lors d'un précédent paragraphe.

Peu importe que votre support sur lequel est maintenue votre feuille se présente à vous sur un plan horizontal (votre bureau, table), vertical (un chevalet d'atelier, de table) ou sur un support incliné (un lutrin, une planche à dessin avec des livres au-dessous). Cependant, favorisez toujours la position la plus confortable à adopter lors de vos scéances de dessin.

Fixez sur son suppport votre feuille horizontalement.

Nous allons utiliser toute sa largeur dans cette petite mise en application.

Munissez-vous de votre mignonnette de fusain et d'une feuille Canson.

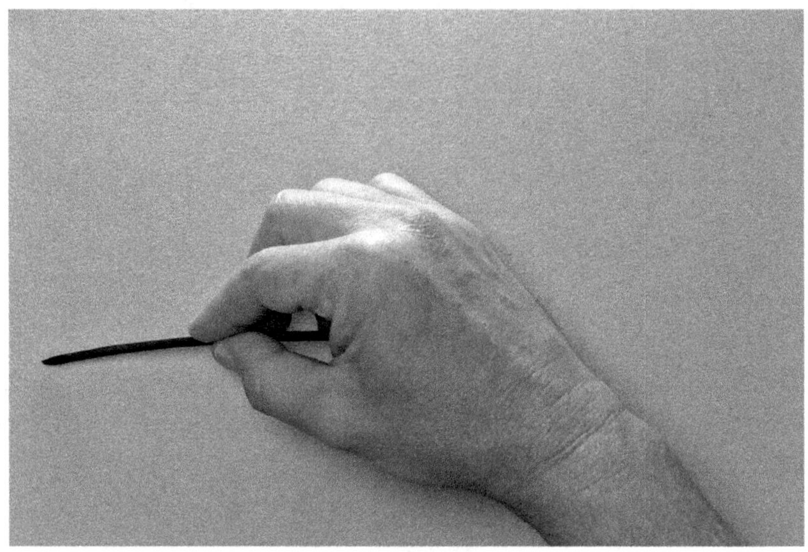

Tracé en partant de la gauche (de la droite si vous êtes gaucher) **une série d'ellipses** qui vont s'entrecroiser. Au début, ayez un geste ample et lent. Attention à la pression sur votre outil, la mignonnette est fragile (vous avez certainement dû le constater :-)

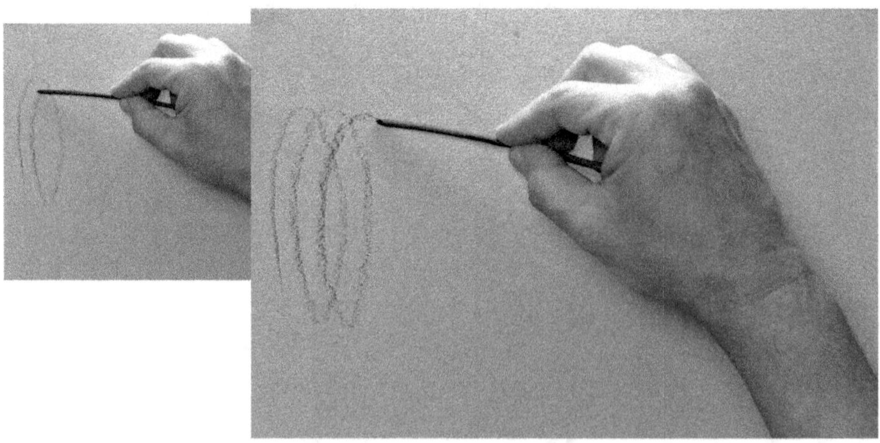

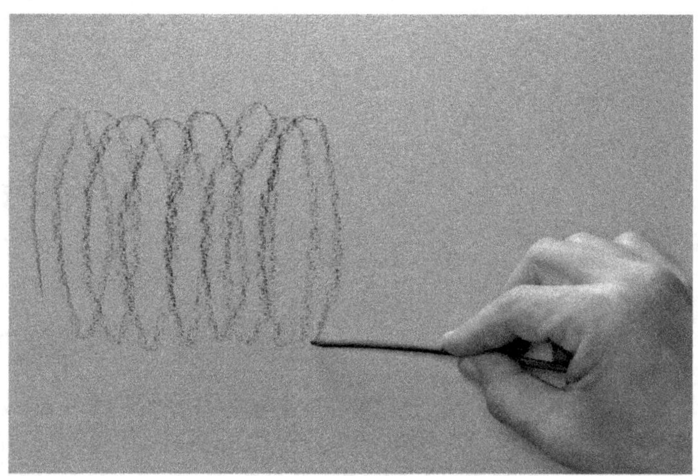

Une fois que vous avez bien ce mouvement en main, resserrer le sur lui-même tout en gardant la même hauteur. Visuellement, un spectateur pourra croire que votre geste n'est qu'une série de va-et-vient, mais non, vous continuez à faire cette ellipse.

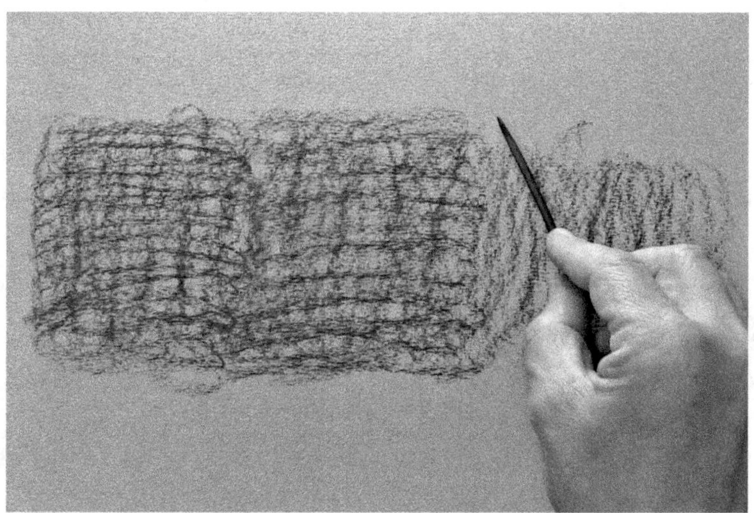

Faites de même de haut en bas et de gauche à droite sur trois sections afin de croiser le tracé précédent.

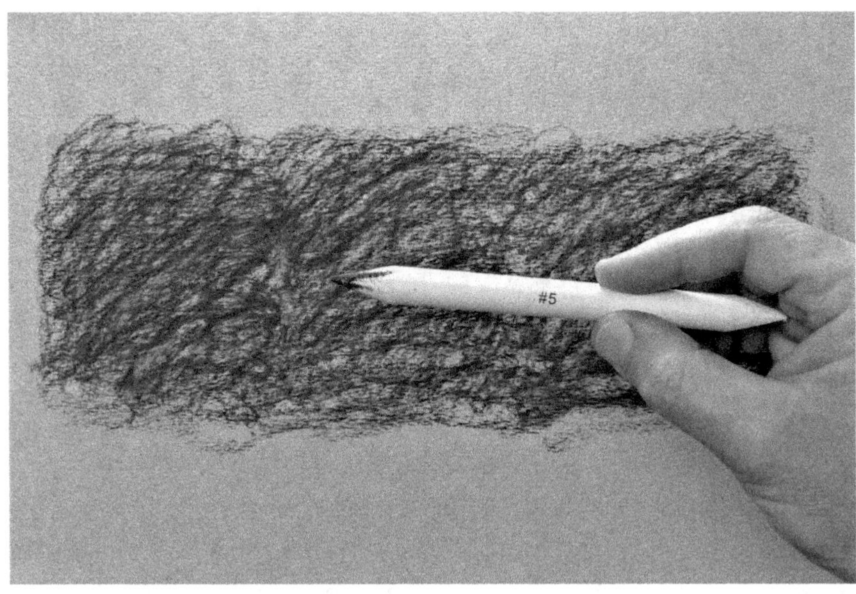

Avec une estompe numéro 5, et avec ce même mouvement elliptique fondez le pigment de fusain.

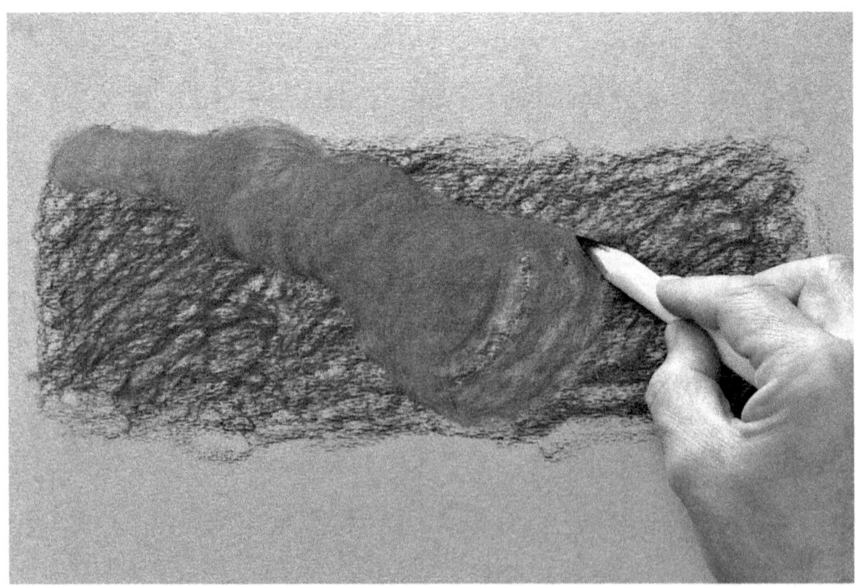

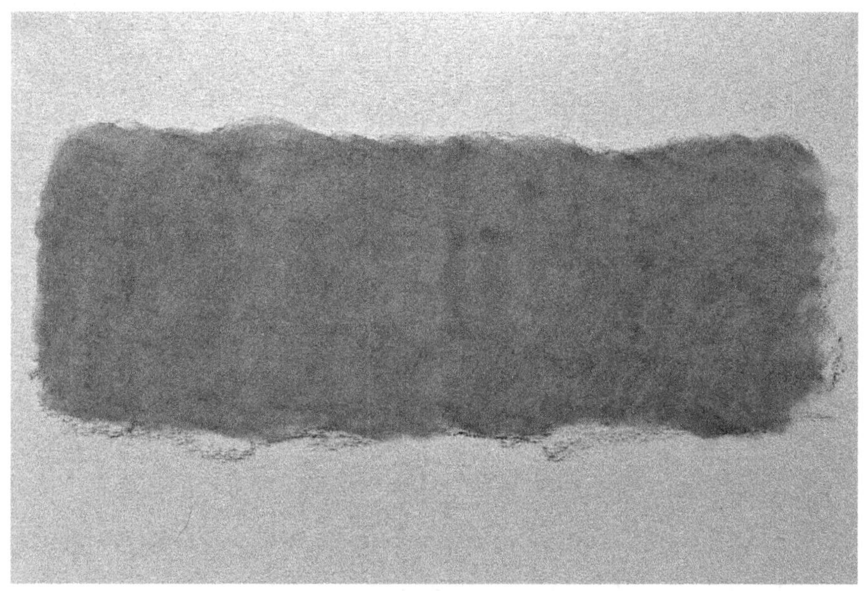

Le résultat final doit être visuellement un ton de gris moyen uni.

Il faut prendre le temps de bien estomper pour arriver à ce résultat.

Maintenant, sur toute la largeur partie basse et haute, étirez ce pigment afin d'obtenir deux bandes dont la tonalité sera légèrement plus claire que celle centrale.

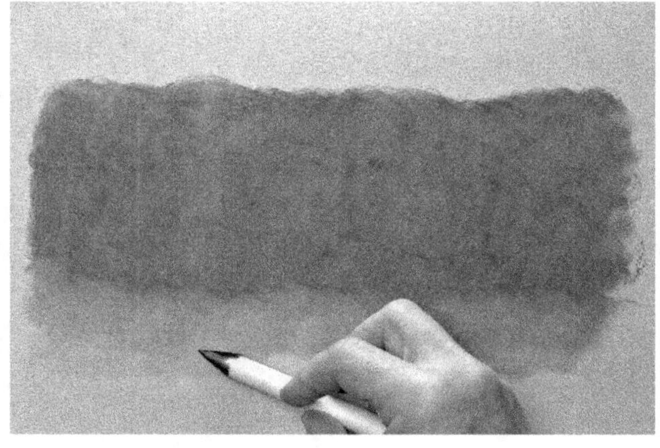

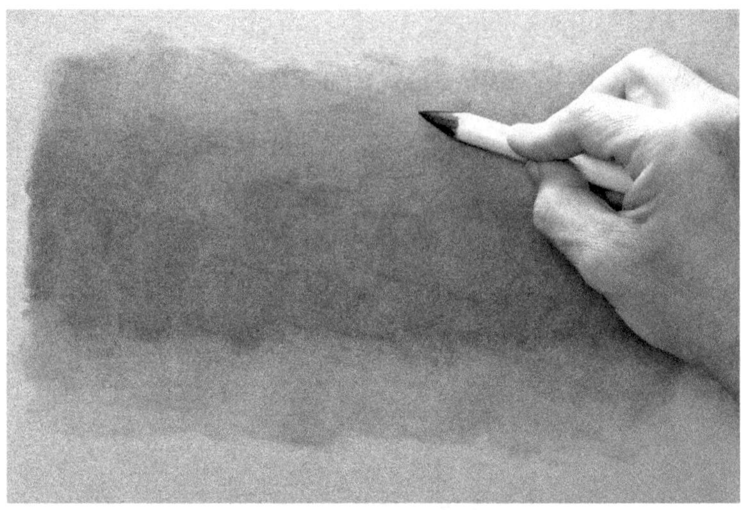

Prenez bien le temps de fondre la transition entre la valeur centrale et celle des bords supérieurs et inférieurs.

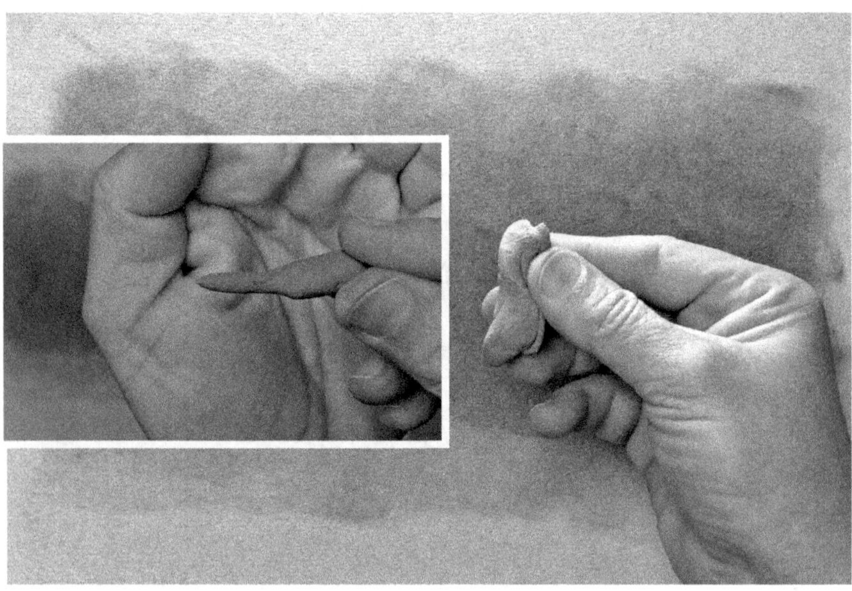

Avec votre gomme mie de pain que vous aurez au préalable bien malaxée et mise en pointe, amusez-vous à dessiner quelques tracés en forme de vagues sur la partie inférieure.

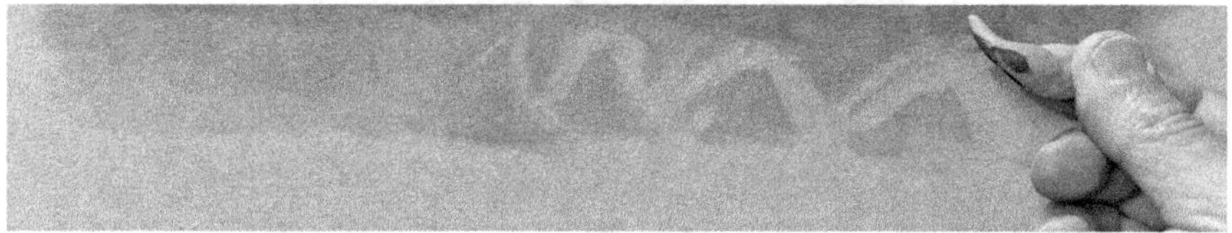

Pensez à faire disparaître ce fusain de la surface de votre gomme en la malaxant entre chaque intervention sur le pigment.

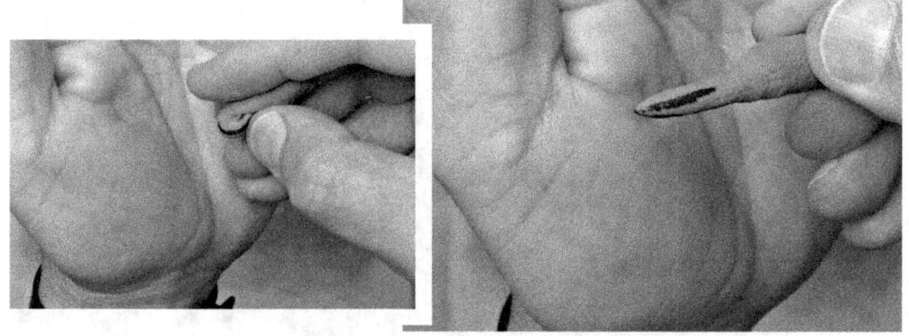

Vous pouvez constater que cet outil est un véritable « aspirateur » à pigment.

Au début, vous n'aurez peut-être pas cet automatisme. Mais cela deviendra très vite une habitude.

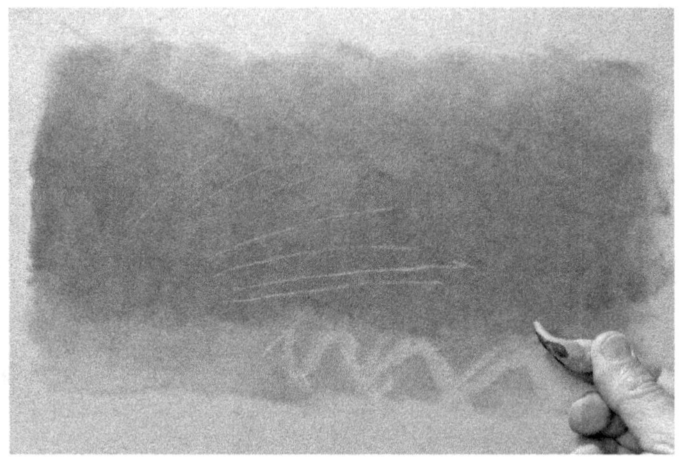

Poursuivons avec l'utilisation de notre gomme. Faites une série de tracés légèrement obliques et de forme triangulaire (ici, il s'agit de **tracés par soustraction de pigments**).

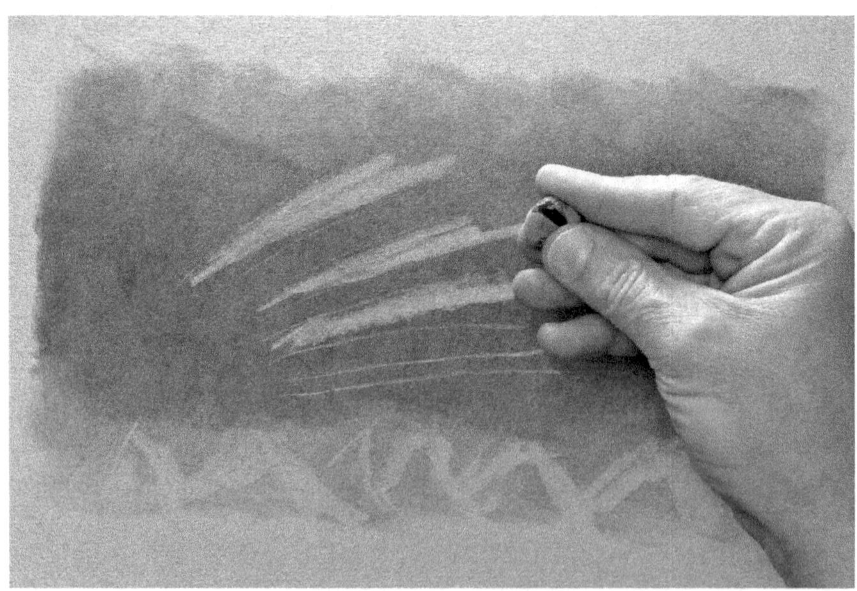

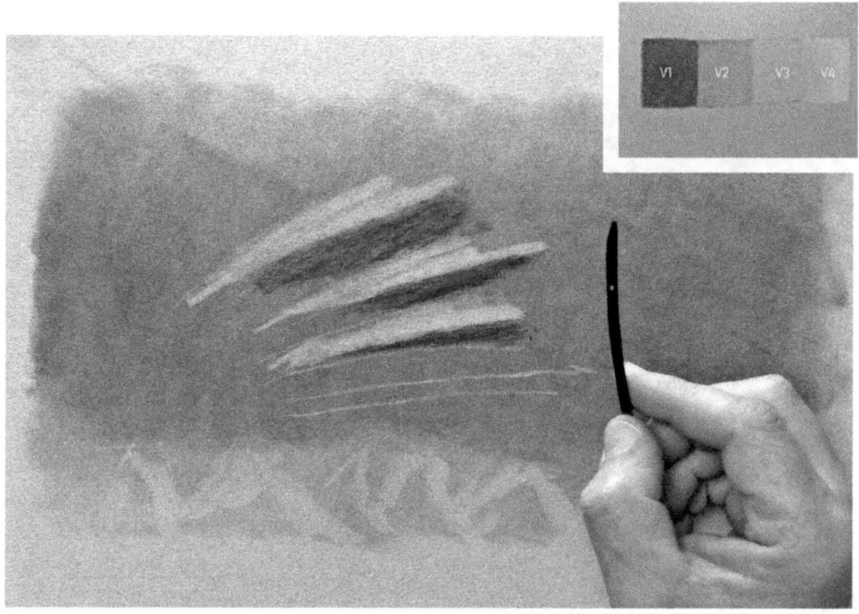

Ajoutez du fusain au-dessous trois bandes de valeur sombre (**V1**). Vous pouvez les estomper afin de faire disparaître le côté « brut » du pigment.

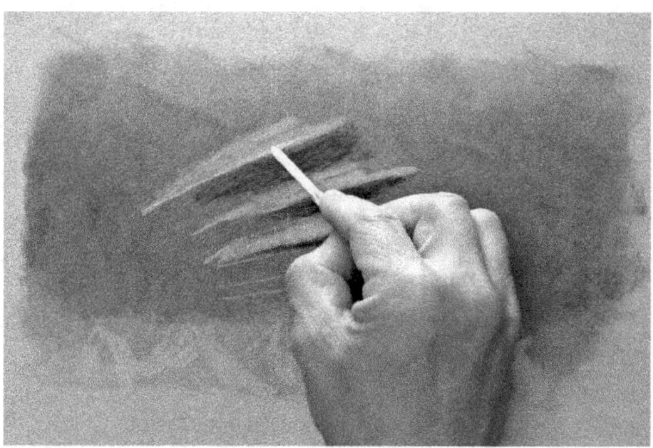

Avec le crayon pastel blanc, tracez une fine bande de séparation entre ces deux valeurs.

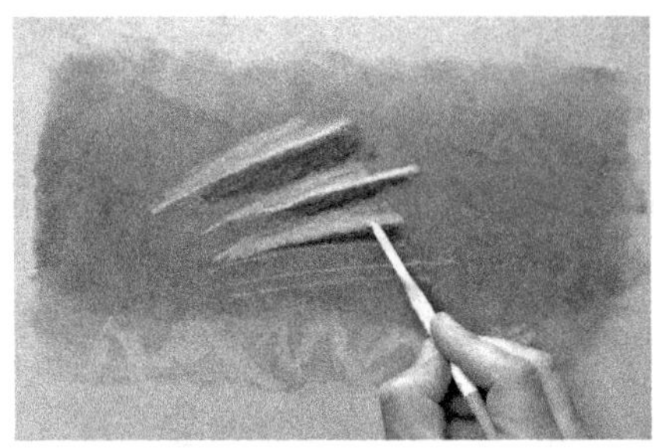 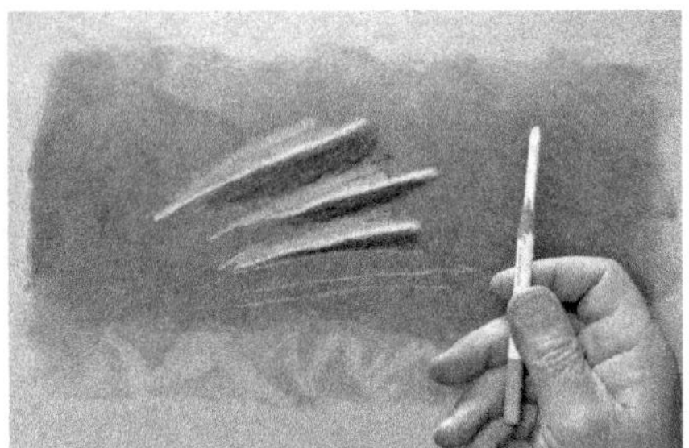

Sympa non ?

Jouons un peu avec notre imagination, on se croirait presque dans une séquence d'un célèbre film de science-fiction, avec ces vaisseaux en lévitation.

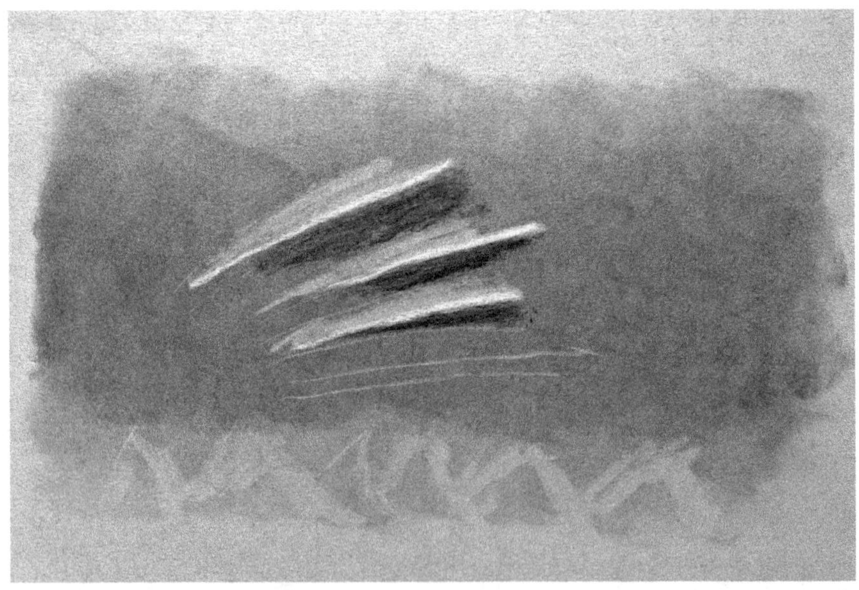

La source de lumière

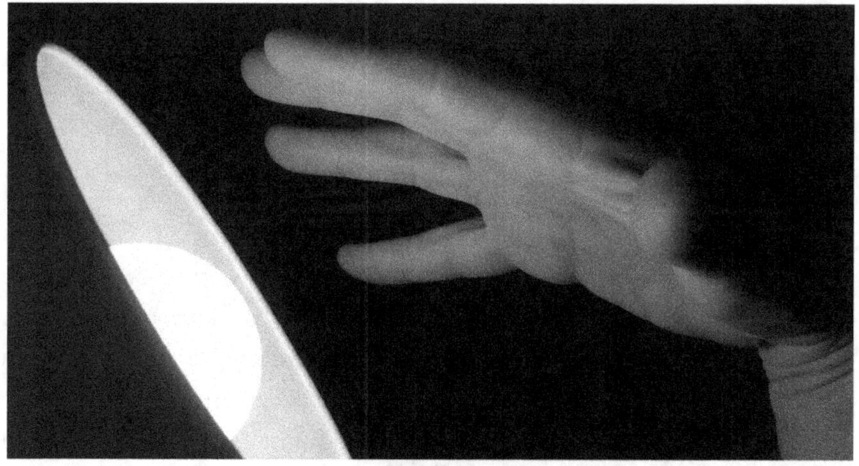

Sans lumière rien n'est visible. Vous allez voir que nous en avons besoin d'un minimum.

Dans le clair-obscur, une seule source de lumière sera amplement suffisante, elle nous simplifiera même grandement la vie.

Une lumière, quand elle atteint une forme, crée une série d'ombres, sur la forme elle-même et à sa périphérie. Ces ombres seront facilement identifiables avec l'habitude et reproduites sur notre papier.

C'est beaucoup moins évident quand plusieurs sources de lumière entrent en action. Se sont autant d'ombres, avec des angles et intensités lumineuses différentes qu'il faut observer et tenter de reproduire.

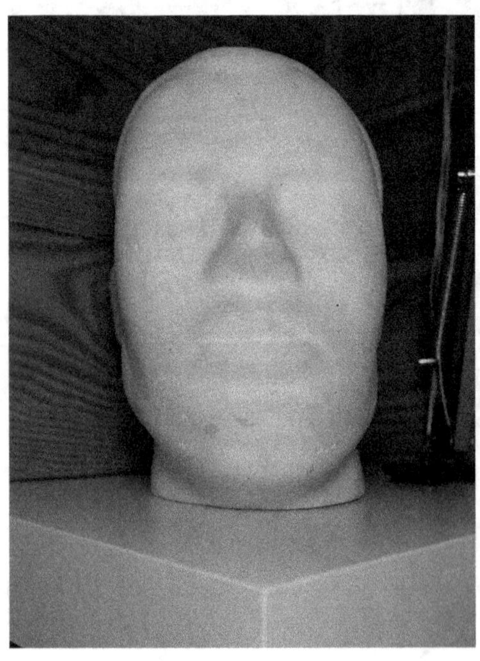

Regardez cette tête de mannequin, noyée sous une source de lumière frontale. Elle parait plate, sans aucun relief, aucune profondeur, vraiment rien n'est fait ici pour susciter un quelconque intérêt de la part du spectateur. De plus, la prise de vue n'arrange rien.

Maintenant, changeons sa position. Mon appareil photo au niveau de la ligne des yeux.

Une seule source de lumière est dirigée vers la droite, en direction de la tête, au-dessus de la ligne du front.

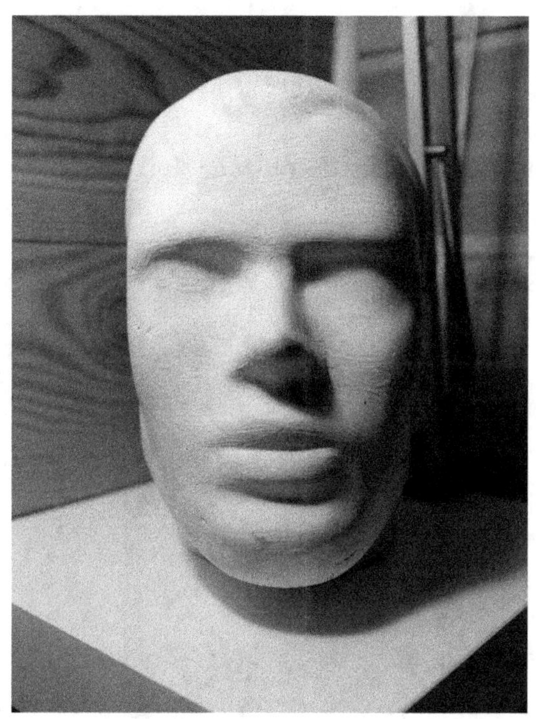

Ici, observez sous un angle différent. Vous voyez, une scène complètement différente apparaît. Une atmosphère se dégage, même si l'élément central (ici la tête de mannequin) ne présente que peu d'intérêt visuel.

Si vous pouvez faire la même de votre côté, faites-le. Vous prendrez pleinement conscience de toutes les conséquences qu'apporte cette source de lumière sur l'objet, la personne, l'animal (s'ils veulent bien jouer le jeu).

La position de votre source de lumière doit être judicieusement choisie, rien ne doit être laissé au hasard. Ainsi, vous contrôlerez les ombres qui en découlent. Vous serez parfaitement imprégné de la scène qui est devant vous. Plus à même pour l'interpréter selon votre propre sensibilité et style, pour au final, le reproduire la plus fidèlement possible sur votre papier.

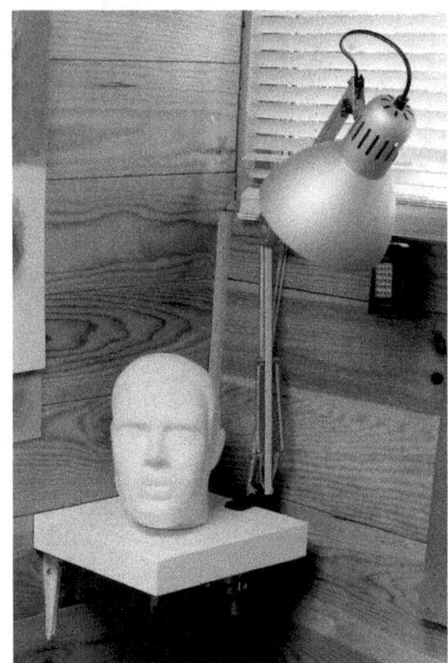

Une simple lampe de bureau et vous voilà prêt à étudier tous les objets qui vous tombent sous la main.

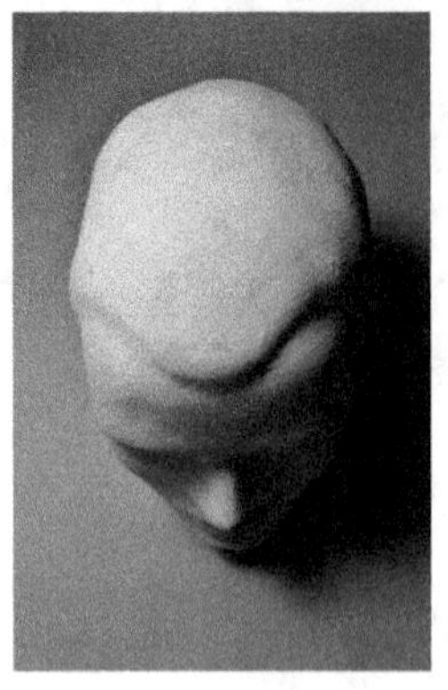
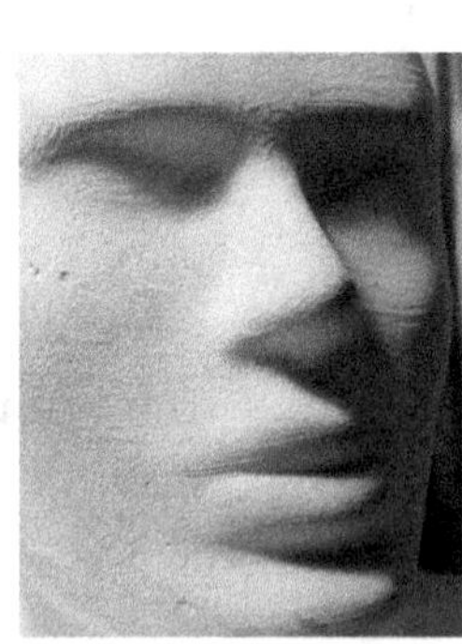
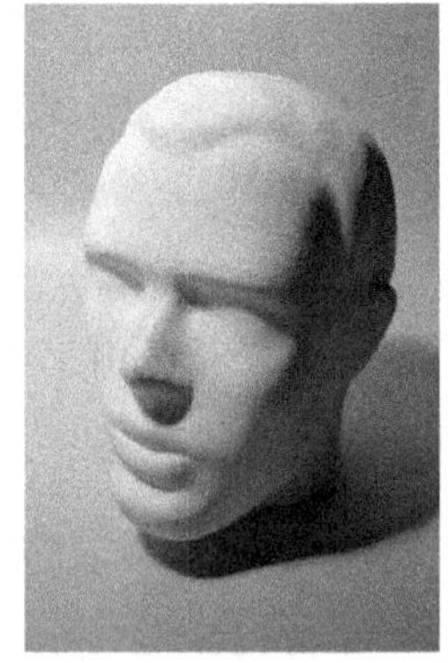

L'ombre propre et l'ombre portée

En dessin au clair-obscur et pour simplifier au maximum mon propos, il existe **deux types d'ombres** :

1 – **Ombre propre**

La partie non-éclairée d'un objet est appelée l'**ombre propre**.

2 – **Ombre portée**

Si l'on place un objet opaque entre une source de lumière dirigée et un écran, **une ombre portée** se dessine sur ce dernier. La taille de l'ombre portée dépend de la distance entre la source de lumière, l'objet et l'écran.

L'action d'une ou plusieurs **sources de lumière sur les formes** qu'elles rencontrent **dans le réel crée différents types d'ombres**. Ces ombres, lorsque nous les transcrivons (objectivement, sans interprétation de notre cerveau qui a tendance à nous induire en erreur) avec nos outils de dessin, contribuent efficacement à la réussite dans la **représentation tridimensionnelle en dessin au clair-obscur.**

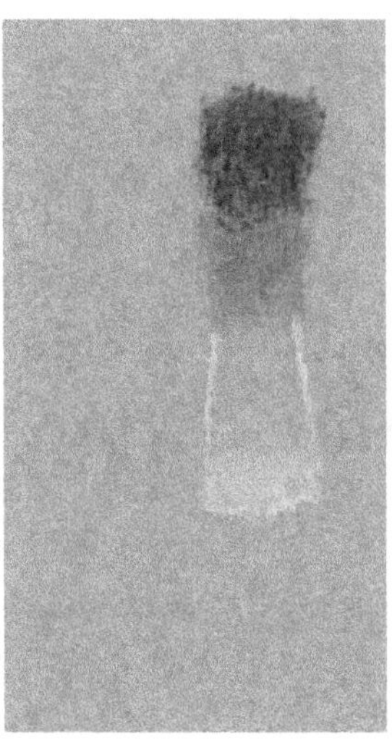

Prenez l'habitude lorsque vous faites des études, surtout en phase d'apprentissage de tracer dans un coin de votre feuille, l'échelle de valeurs correspondant aux différents matériaux que vous allez mettre en œuvre. Cela ne vous prendra que très peu de temps. Vous pourrez ainsi avoir cette aide précieuse sous le nez et ne pas partir à l'aveugle dans la mise en place des différents tons de votre dessin.

L'ombre propre et l'ombre portée, vont désormais faire partie intégrante de votre bagage artistique en dessin au clair-obscur.

Pour faire connaissance avec elles, je vous propose maintenant de les tracer.

Le matériel nécessaire :

1. Une feuille teintée « gris ciel » A4

2. La mignonnette de fusain (à ce stade, ai-je encore besoin de stipuler « de fusain ?)

3. Une estompe

L'ombre propre

C'est une ombre qui possède généralement en son centre un « **noyau d'ombre** » qu'**aucune lumière ne vient perturber**. Ce noyau d'ombre est entouré d'une lumière réfléchie.

L'ombre propre, comment la représenter ?

Au centre de votre feuille esquissez une forme quelconque, cela pourra être une ellipse de ce type, un œuf, pourquoi pas.
Estompez votre fusain comme vous l'avez fait lors de la création de l'échelle de valeurs.

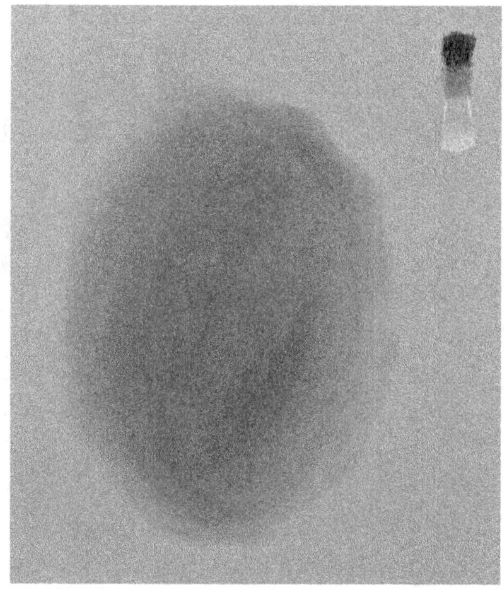

Le tracé au fusain doit être particulièrement soigné, bien fondu avec le papier, disparaître le plus harmonieusement possible vers l'extérieur de l'ombre propre. Cela correspond à la réflexion de la lumière qui devient de plus en plus claire en s'éloignant du noyau d'ombre et se rapprochant de la source de lumière initiale ou de sa réflexion plus ou moins importante sur une forme adjacente.

La valeur représentant la lumière réfléchie autour de ce noyau d'ombre doit correspondre à l'avant-dernière valeur « sombre » de l'échelle.

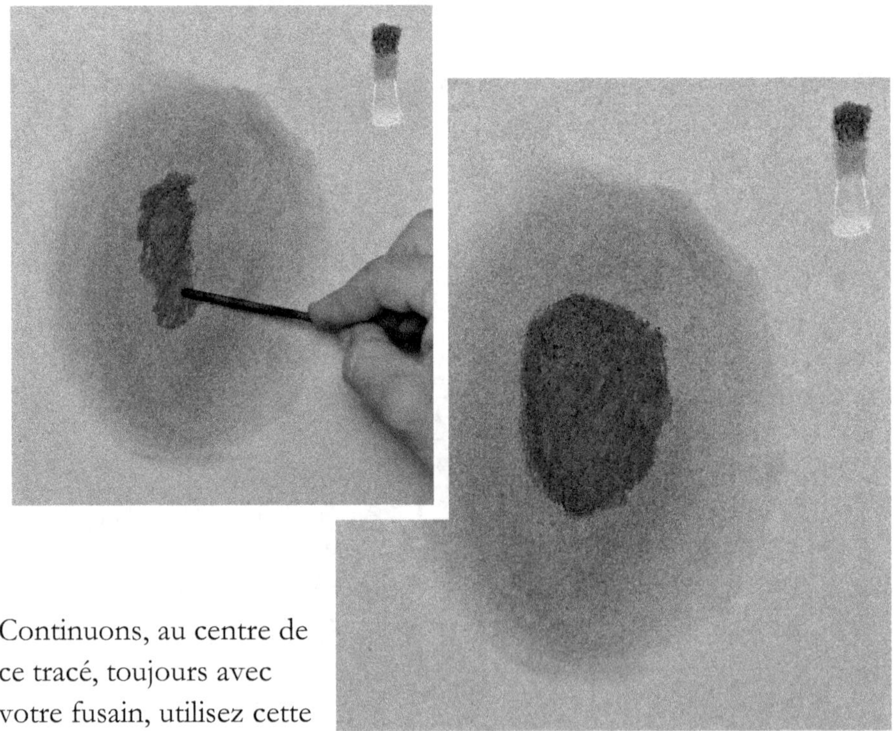

Continuons, au centre de ce tracé, toujours avec votre fusain, utilisez cette fois-ci, **la valeur la plus foncée (V1)**.

On appelle ce dernier tracé, le **noyau d'ombre** de l'**ombre propre** (dans notre exemple, le noyau de l'ombre se trouve au centre, il aurait pu aussi bien se situer sur le bord, vers le haut, le bas de notre tracé précédent). Il est le **résultat d'une concentration** en un point donné **d'une ombre que la lumière n'atteint pas.**

*Notez cependant, que le noyau d'ombre, peut être dans certain cas absent de l'ombre propre. Sur des surfaces planes notamment. Nous verrons un exemple dans les prochaines pages.

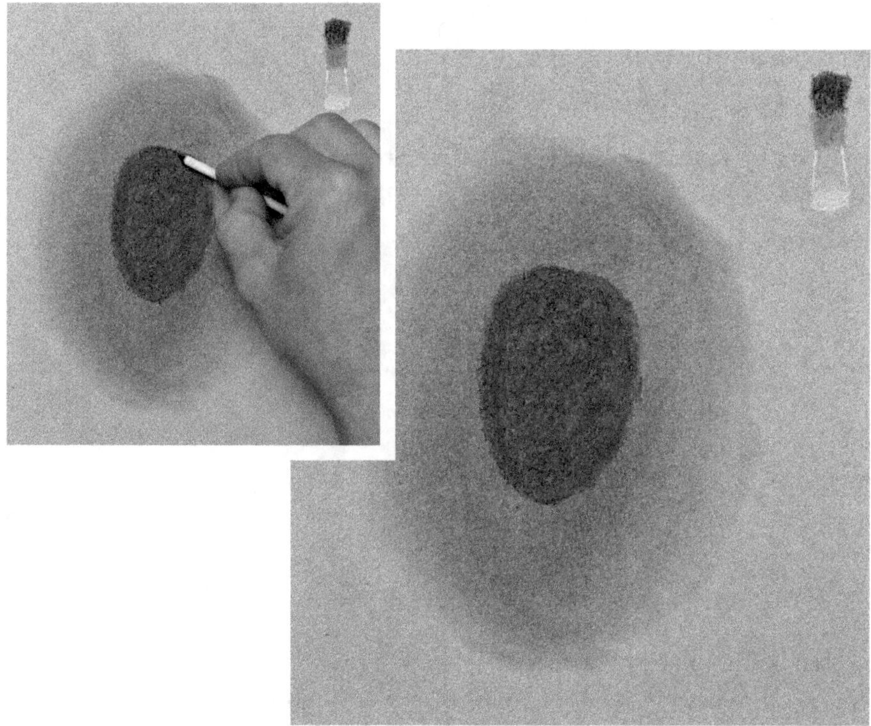

Estompez le noyau d'ombre, veillez à bien respecter sa valeur.

L'ombre portée

L'ombre portée se trouve à l'opposé de la source de lumière. Elle part de la forme qui la sépare du flux lumineux, se projette en déformant plus ou moins cette forme en fonction de la distance qui sépare la source lumineuse de cette forme.

Pour faire connaissance avec cette **ombre portée**, je vous propose cette mise en situation qui nous fera découvrir par la même occasion un petit effet tridimensionnel.

Mise en œuvre :

Je vais vous demander de faire travailler votre imagination.

La feuille de teinte gris ciel qui se trouve devant vous est désormais un espace qui est pourvu d'une profondeur, oui, je vous assure.

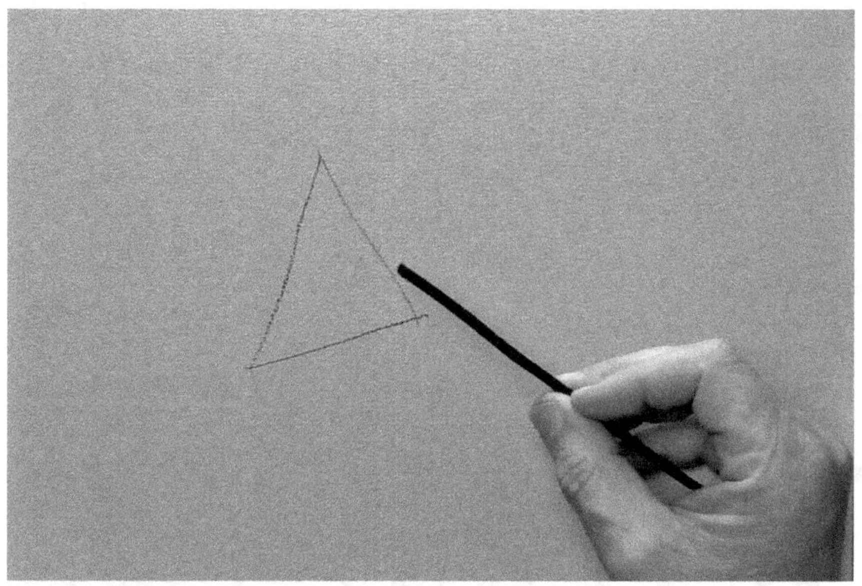

À l'aide de la mignonnette de fusain, tracez un triangle.

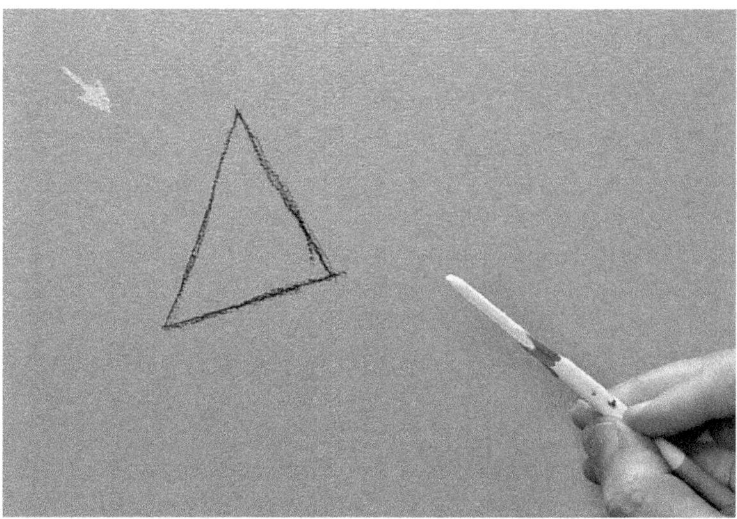

Avec le pastel blanc, tracez une flèche qui va indiquer la direction de notre lumière dirigée « virtuelle ».

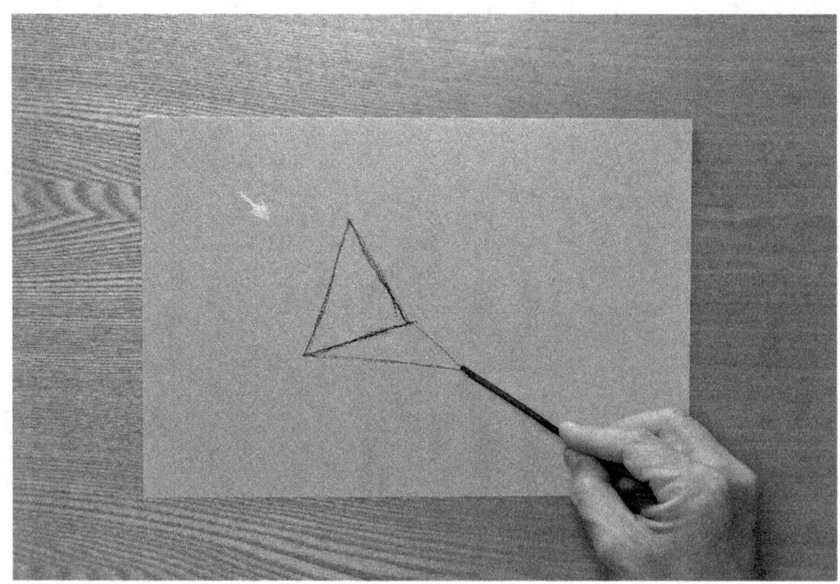

Avec la mignonnette, tracez un autre triangle ayant un côté commun avec le précédent.

Nous allons le remplir de la valeur la plus foncée de notre échelle de 4 valeurs (**V1**). Cette valeur va représenter l'**ombre portée** de notre forme.

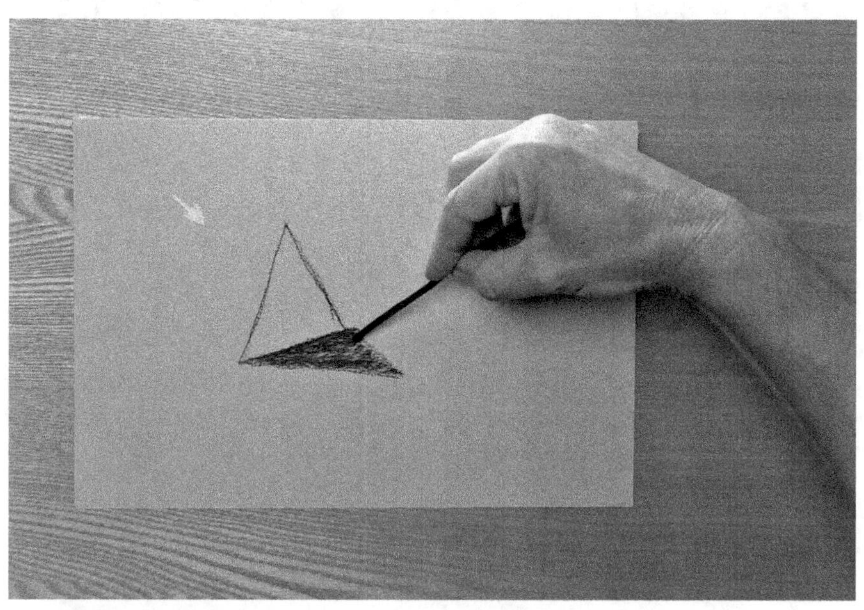

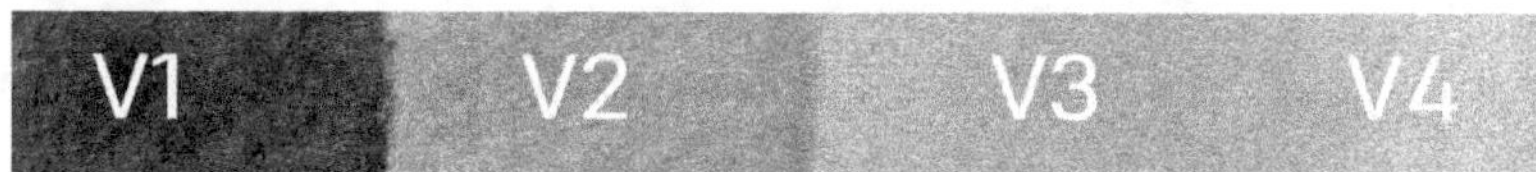

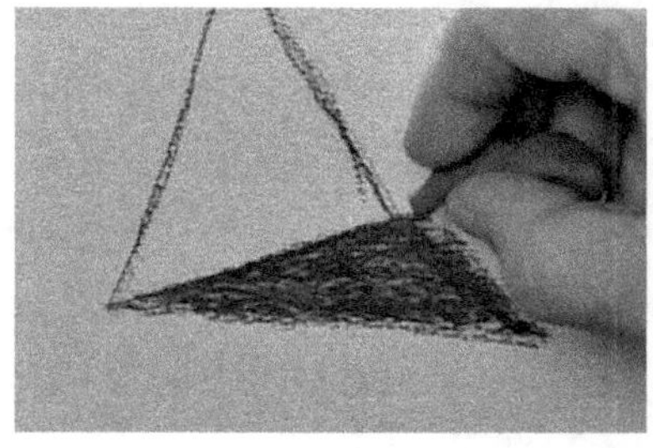

Je gomme le fusain qui dépasse, afin de respecter la projection de cette **ombre portée**.

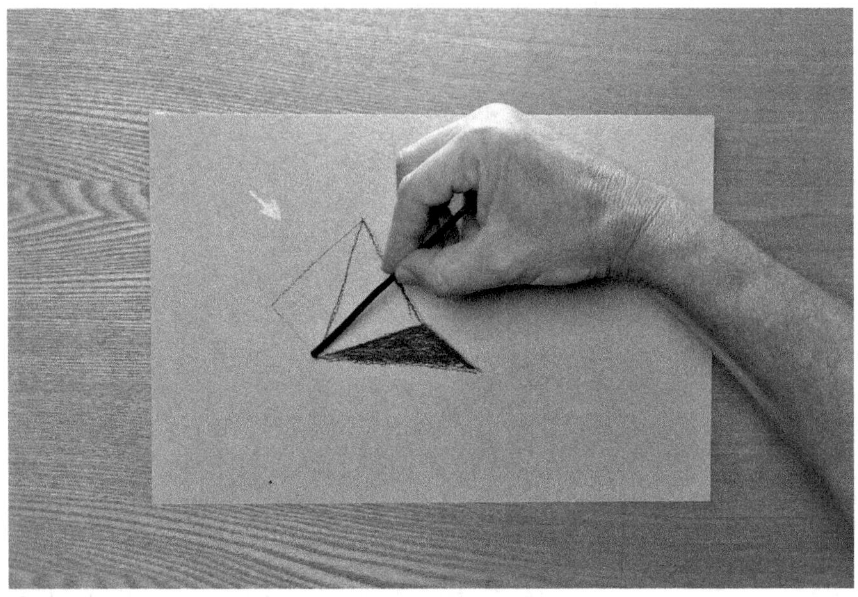

Traçage de mon troisième triangle qui aura lui aussi un côté commun avec le premier triangle. À ce stade, une pyramide se profile.

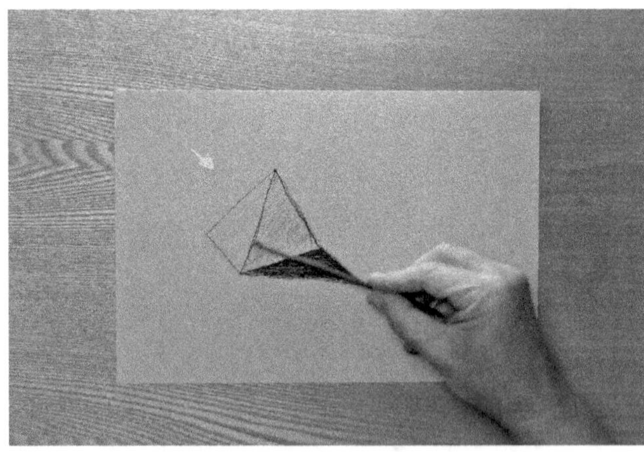

Maintenant, je trace **l'ombre propre du triangle** (seule, la réflexion de la lumière atteint cet élément).

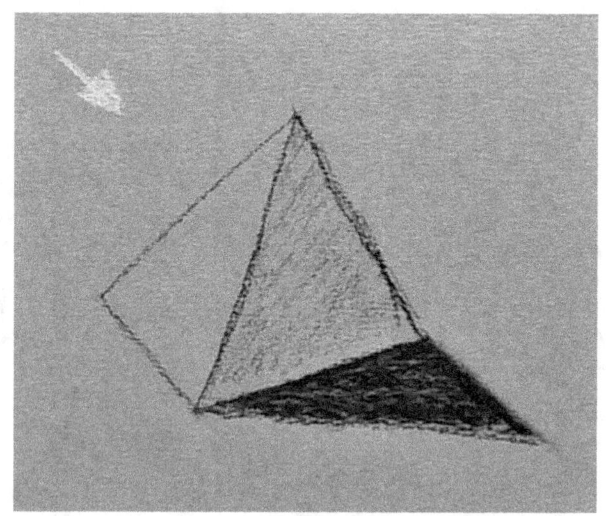

Cette surface étant plane, il n'y a **pas une « concentration d'ombre »,** par conséquent, **nous ne tracerons pas de noyau d'ombre** sur cette ombre propre.

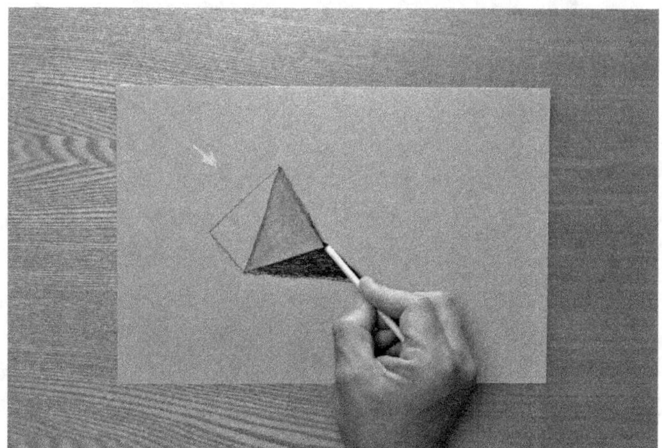

J'utilise la seconde valeur sombre(**V2**) dédiée à l'ombre propre pour cette étape. Pour être plus précis, j'utilise mon estompe numéro 1.

Je fonds harmonieusement ce tracé d'ombre propre.

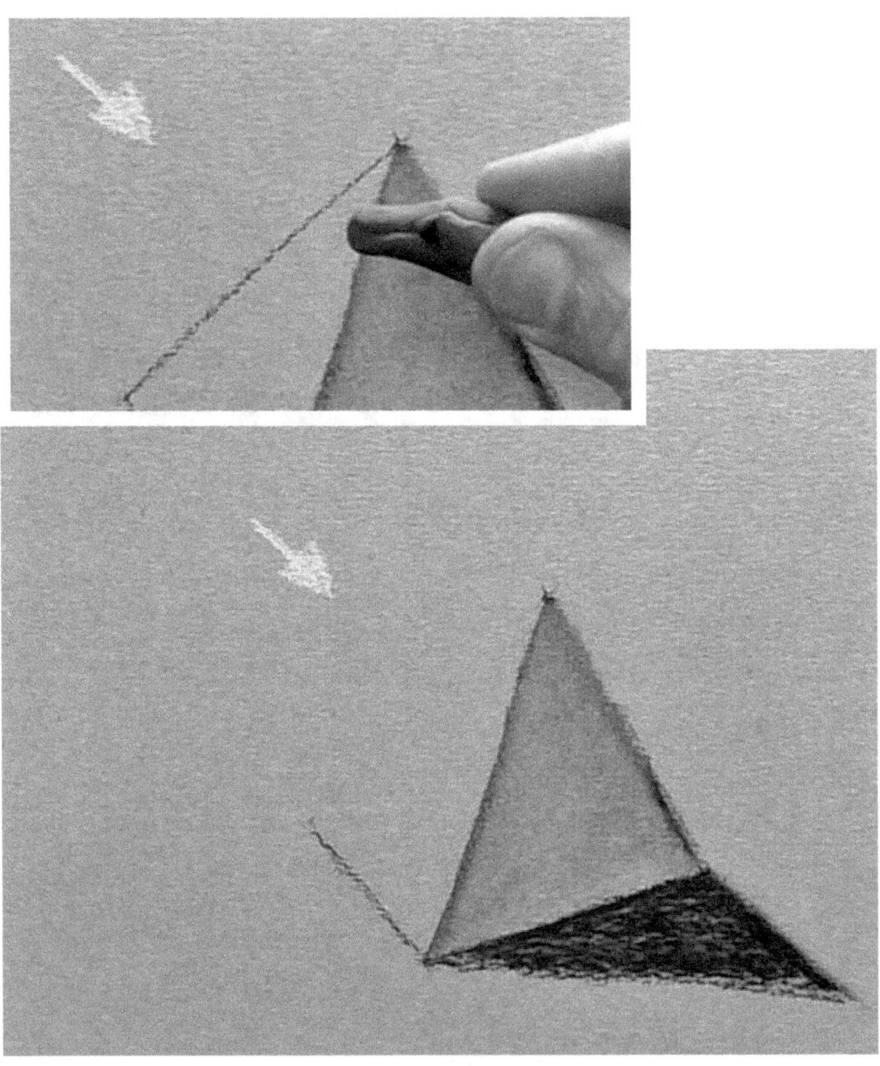

J'efface l'arête du fond, pour la remplacer par un tracé de pastel blanc. Beaucoup plus logique, puisque ce côté de la pyramide est directement impacté par la lumière directive venant par l'arrière.

J'utilise la valeur la plus claire de mon échelle pour rendre l'effet de lumière réaliste.

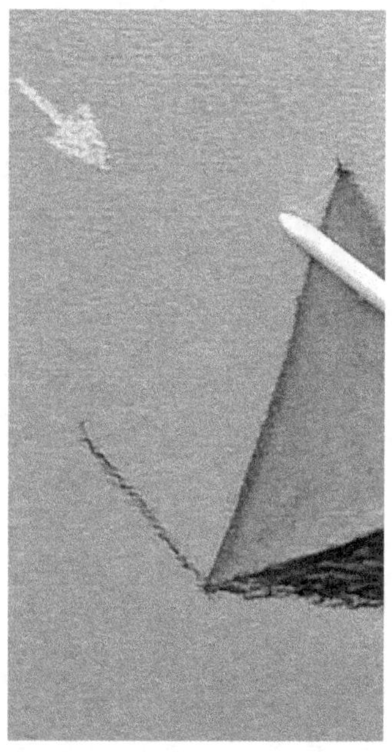

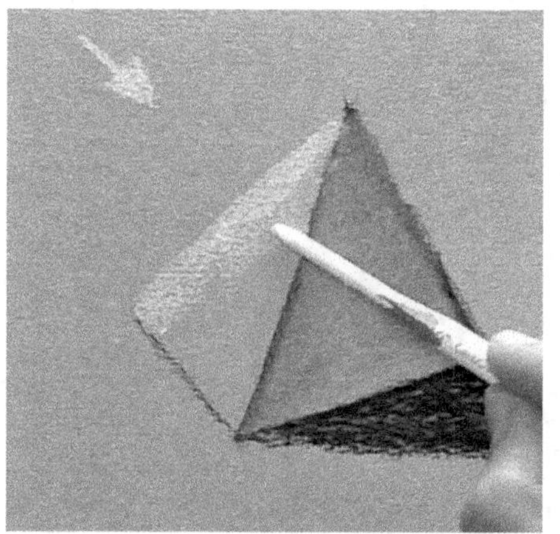

À l'aide de mon estompe, du côté de la pointe que je réserve au pastel blanc, j'estompe progressivement ce blanc en vaillant bien à laisser visible une partie de la teinte du papier.

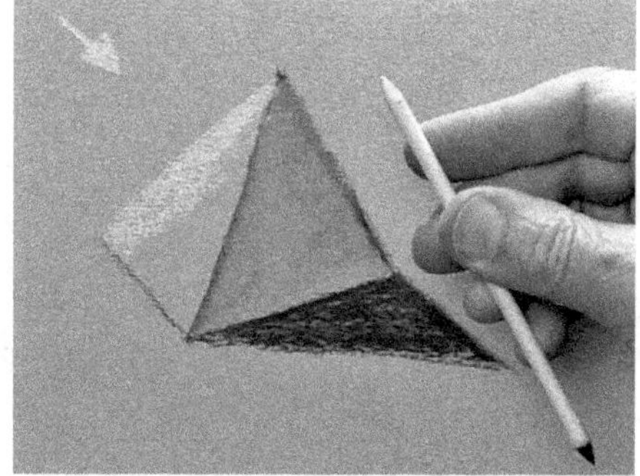

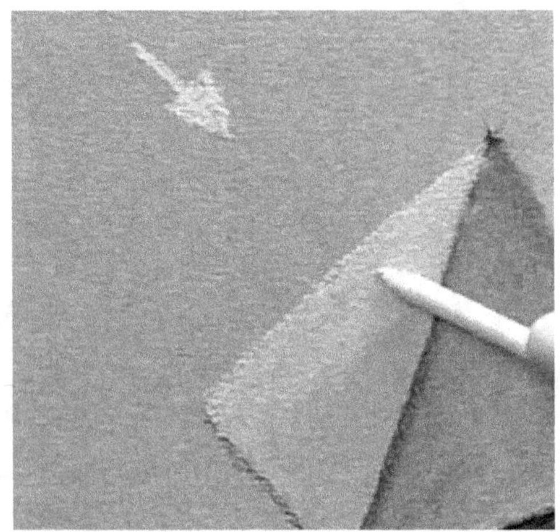

Cette teinte du papier fait partie de notre échelle de valeurs, ne l'oubliez jamais.

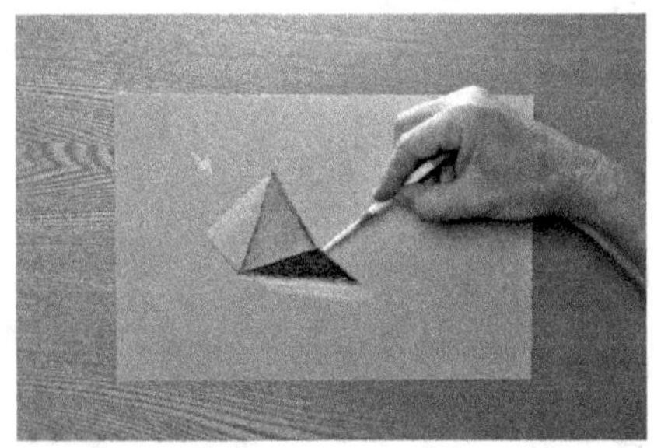

Pour renforcer l'effet tridimensionnel de cette scène, je dépose de part et d'autre de l'ombre portée de la pyramide du pastel blanc.

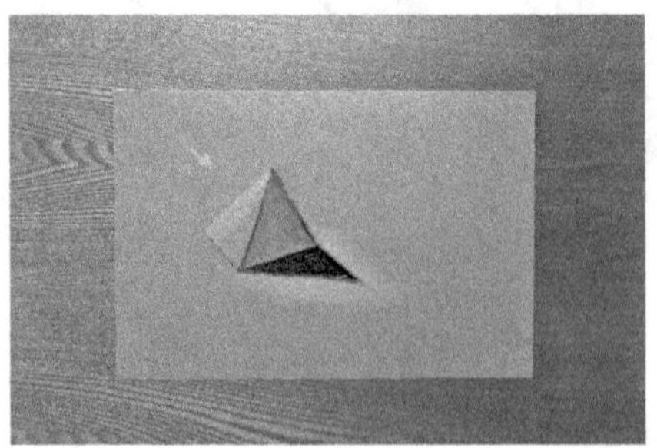

Je l'estompe afin de bien le fondre avec la texture de mon papier.

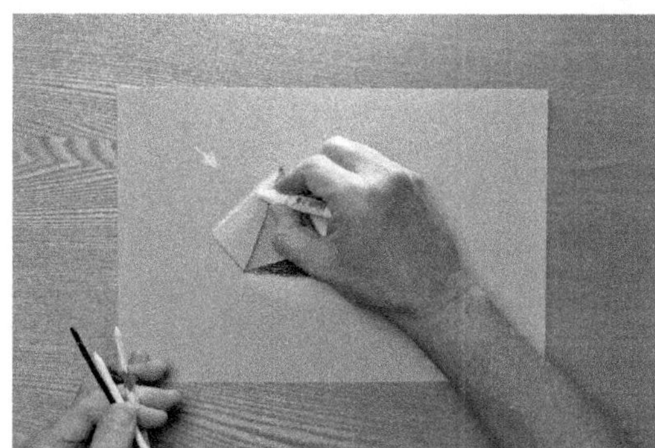

Pour renforcer l'effet de lumière intense qui vient frapper l'arrière de cette pyramide, vous pouvez utiliser avec parcimonie le pastel tendre Rembrandt.

Faite un tracé léger sur l'arête que vous allez fondre avec l'autre valeur claire qui est déjà en place à cet endroit.

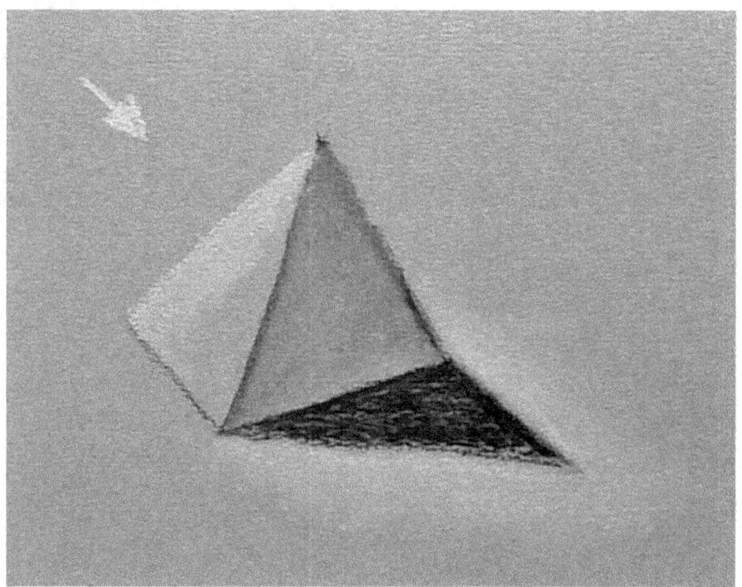

Bravo, vous venez de créer votre première étude de dessin au clair-obscur.

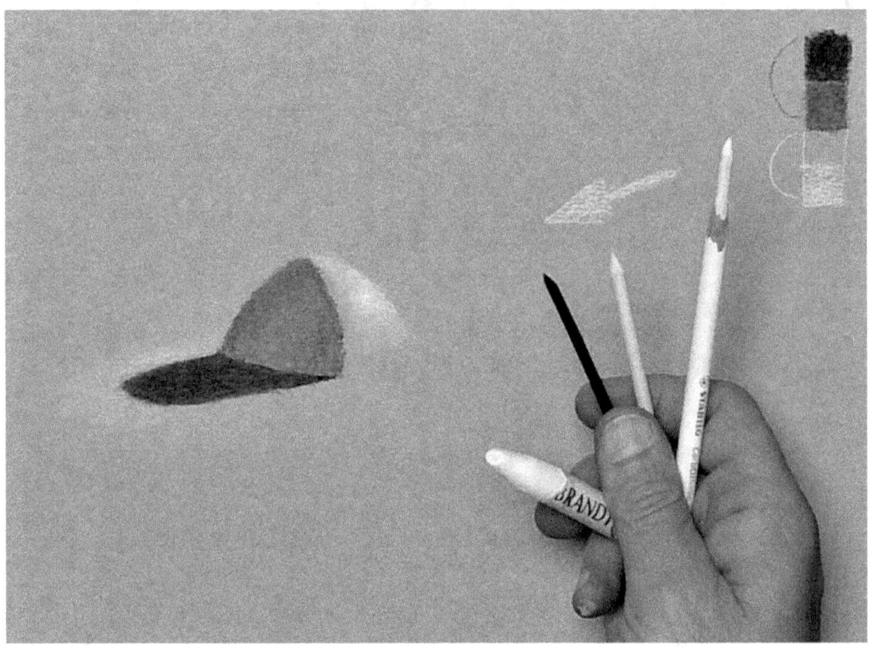

N'hésitez pas à faire toute une série d'études de ce type. C'est un bon moyen de s'approprier les différents éléments entrant en ligne de compte.

Couloir de valeurs

Pour nous familiariser avec notre échelle de valeurs, nous allons utiliser ce que j'appelle un « couloir de valeurs ».

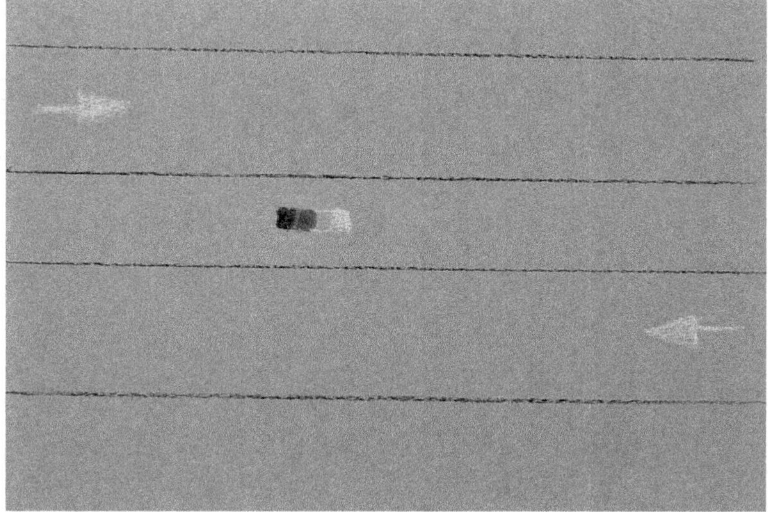

Sur une feuille placée horizontalement, tracez à l'aide d'une règle et au fusain 4 lignes parallèles.

Au milieu de ces lignes, tracez votre échelle de valeurs. Inutile de la faire très grande. Elle va nous servir visuellement pour garantir le respect des valeurs que nous allons tracer

À la gauche des deux lignes supérieures, matérialisez par une flèche la direction de la source de lumière. Ici elle est dirigée vers la droite. Faites la même chose en inversant la flèche entre les deux lignes inférieures.

Nous allons tracer une succession logique de valeurs dans notre couloir du haut. Nous nous limiterons à des tracés verticaux.

Avec le fusain, en évitant de le mélanger au pigment blanc, tracez tout à gauche avec la valeur la plus foncée de notre échelle (**V1**) ce qui va représenter l'ombre portée (sur une largeur de 2 à 3 cm).

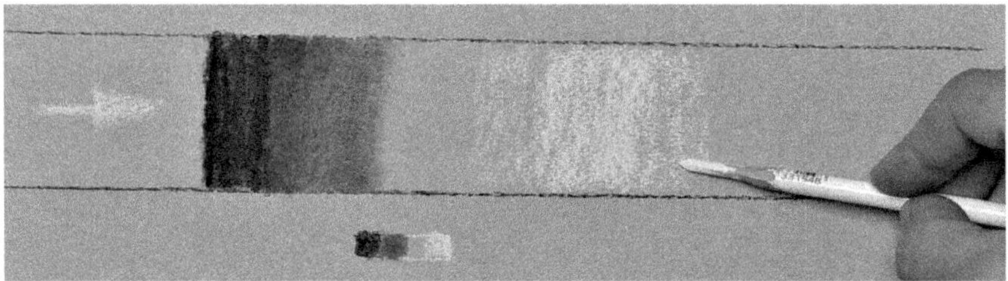

À sa droite, avec la seconde valeur sombre (**V2**) de notre échelle tracez ce qui va représenter la réflexion de la lumière sur 3 à 5 cm.

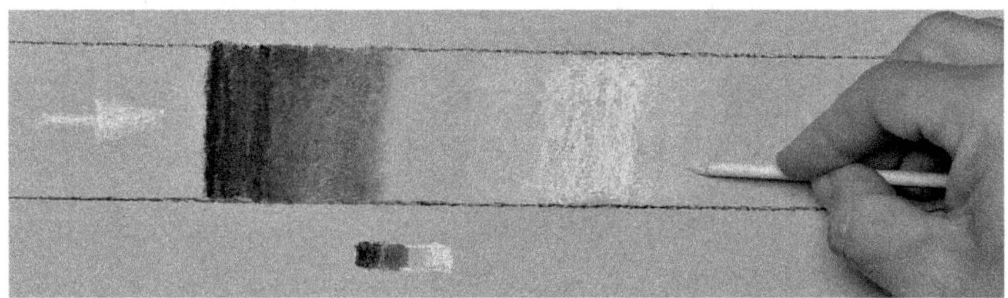

Utilisez votre estompe dès que cela est possible pour harmoniser au mieux les différents passages d'une valeur à une autre. Plus vous travaillerez ces transitions, plus l'effet de relief final se révélera.

À droite de cette réflexion de lumière, nous allons utiliser la valeur du papier, sa teinte (sur 2 à 3 cm de largeur). Nous l'avons vu précédemment elle fait partie des 2 valeurs claires de notre échelle (**V3**).

À sa gauche, au centre de ce couloir, la valeur la plus claire (**V4**), j'utilise le crayon pastel pour tracer cette valeur.

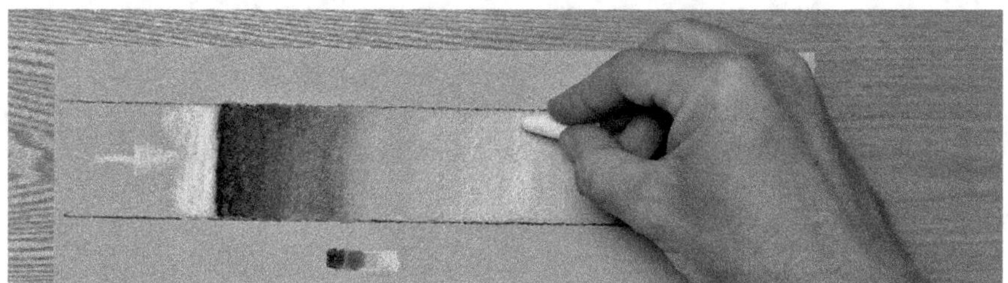

À cet endroit la source de lumière est intense. J'intensifie cet effet lumineux en traçant une ligne verticale bien au centre avec mon pastel tendre Rembrandt.

Un nouveau petit estompage rendra l'intensité du Rembrandt plus cohérente avec le pigment du crayon pastel blanc déposé auparavant.

L'intensité se réduit en nous éloignant du centre vers la droite.

Avec l'estompe, faites un travail soigné, passez du temps à bien fondre la valeur.

Nous allons retrouver logiquement la teinte du papier (**V3**), viendra ensuite à nouveau la réflexion de la lumière (**V2**), qui laissera la place à l'ombre portée tout à droite (**V1**).

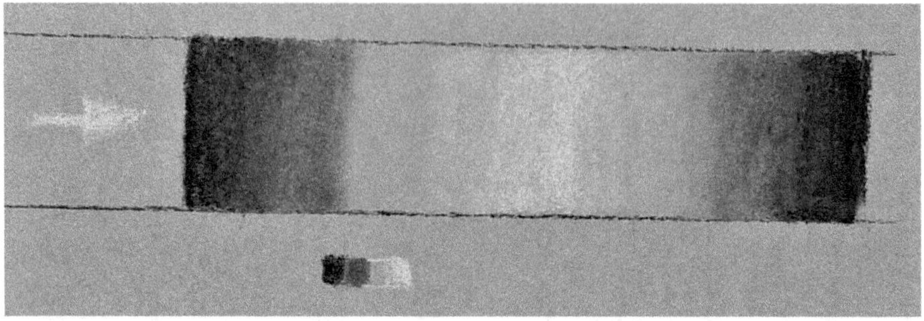

En dernière position et pour conclure cette séquence de valeurs, je trace à nouveau une bande de lumière.

Nous venons de terminer notre premier « couloir ».

Regardez le verticalement. Percevez-vous cet effet de relief ? Pour ma part, oui, et j'imagine très bien que cela puisse être par exemple une section de tôle ondulée.

Ne vous affolez pas, si cette perception de volume, de relief ne vous saute pas aux yeux. Cela va venir avec le temps.

Nous allons, dans le second couloir, travailler la même séquence de valeurs, cette fois-ci en inversant la direction de la lumière et l'inclinaison (oblique) de nos tracés.

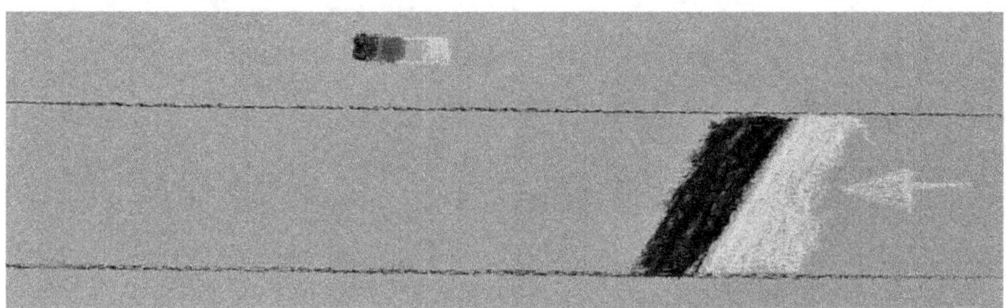

Je vous laisse faire ces enchaînements de valeurs, vous en connaissez maintenant le principe, j'indique uniquement les valeurs mises en place.

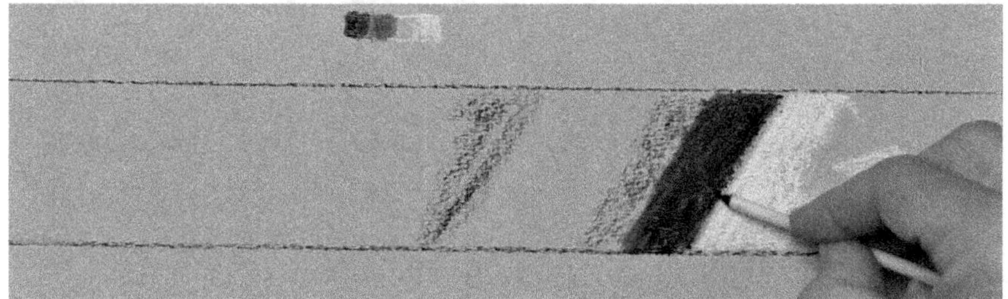

De droite à gauche : La **V4** , la **V1**

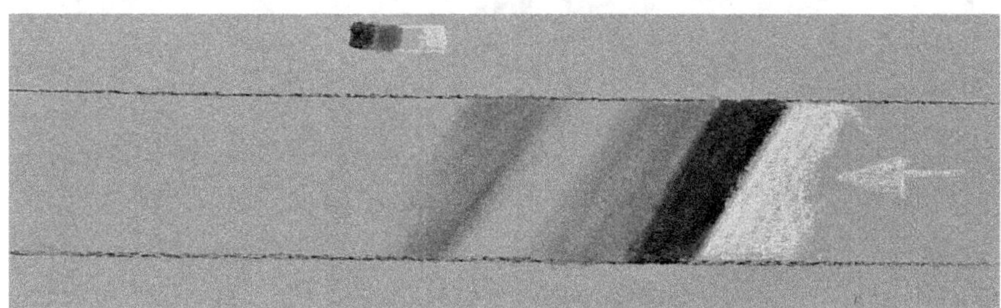

Vient ensuite la **V2**, la **V3**, la **V4** et retour de la **V2**

Rappel : mouvement elliptique de votre mine.

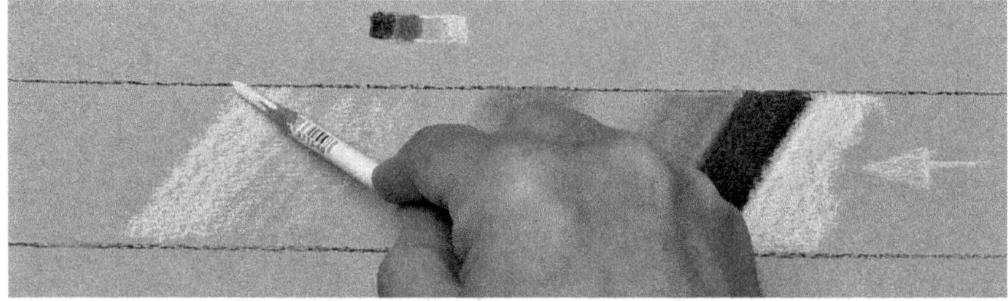

Suive la **V3** et **V4**

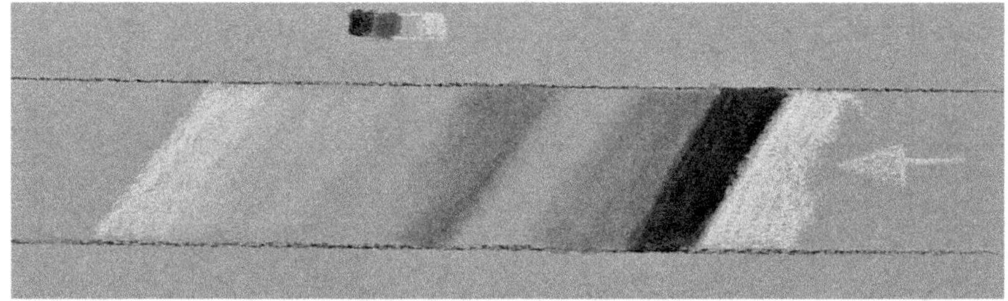

L'estompage doit être parfait. Bien distinct entre les **V4** et **V1**

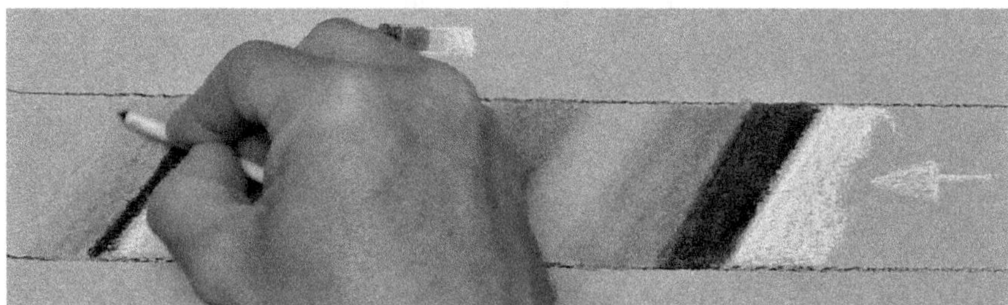

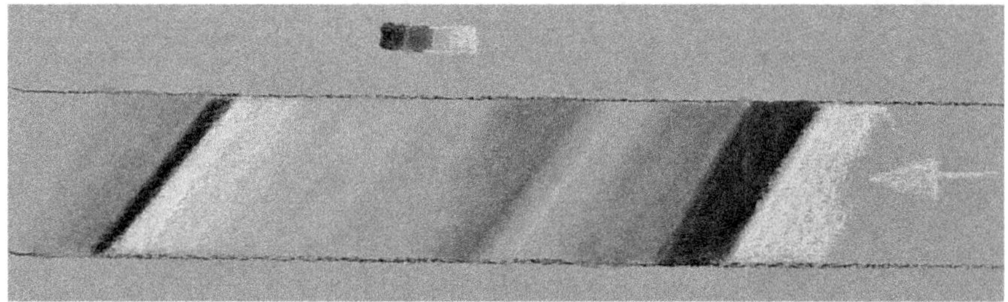

Voilà, nous en avons terminé avec ce second couloir.

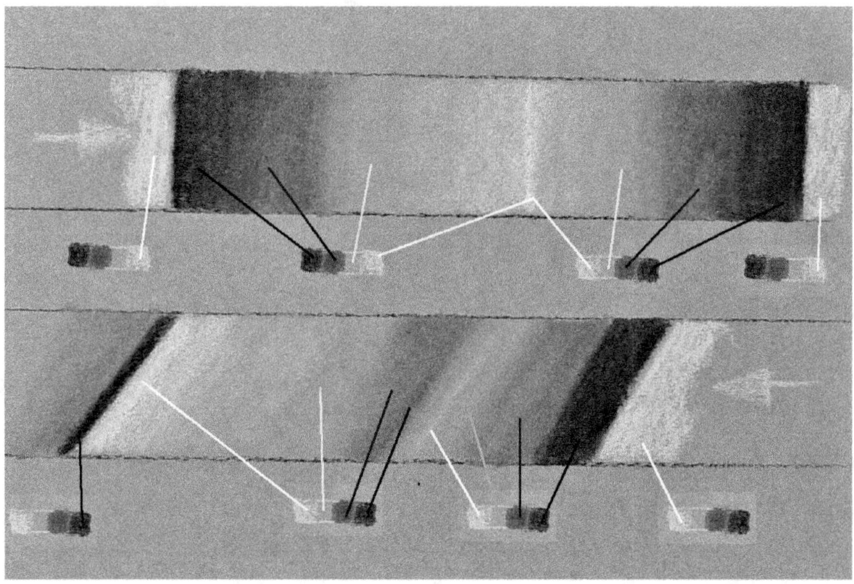

Je vous donne ci-dessus, les correspondances de nos 4 valeurs sur nos deux couloirs.

Ce principe du « couloir » est un bon exercice, je vous conseille de le faire régulièrement.

Une variante du couloir de valeur

Je vous propose maintenant, un autre petit exercice sympa à faire pour se familiariser avec la lumière et l'échelle de valeurs.

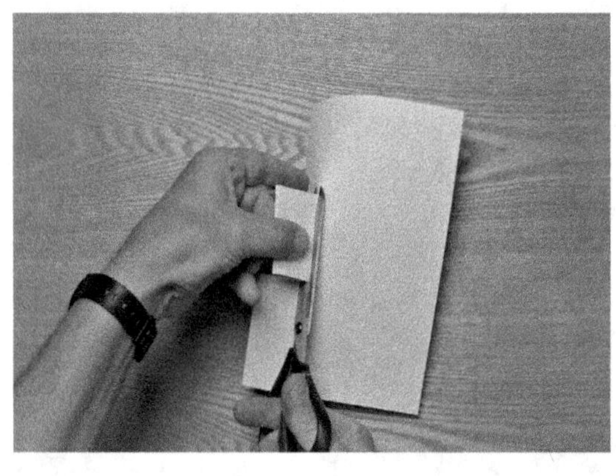

Découpez au ciseau une fenêtre au centre d'une feuille standard, cela peut être un cercle, un carré, rectangle, triangle peu importe. l'essentiel étant que votre ouverture soit suffisante pour dévoiler assez d'informations sur la succession de valeurs à reproduire.

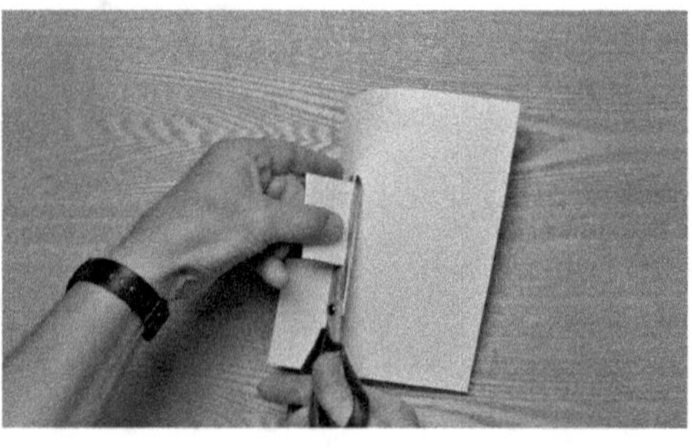

Appliquez cette fenêtre sur un modèle photo (un document en noir et blanc vous facilitera grandement la tâche pour convertir ces valeurs sur votre feuille à dessin).

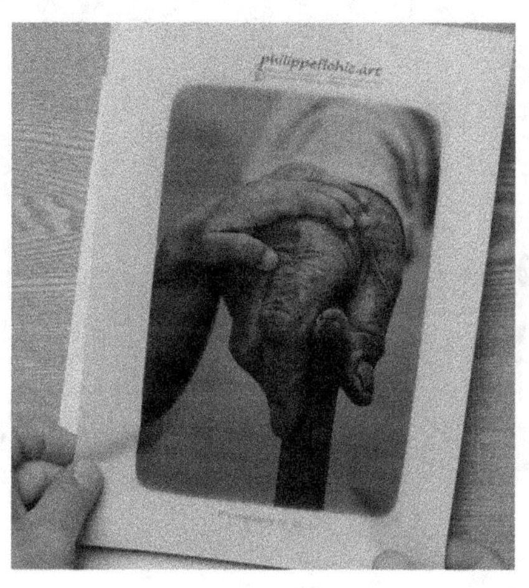

Choisissez une portion d'image qui présente un enchaînement de valeurs pertinentes. Une fois cette position trouvée, fixez à l'aide de bouts de scotch cette fenêtre sur l'image afin de ne pas perdre accidentellement cet agencement.

Vous aurez compris le principe, il reste le même que le couloir de valeur vu précédemment.

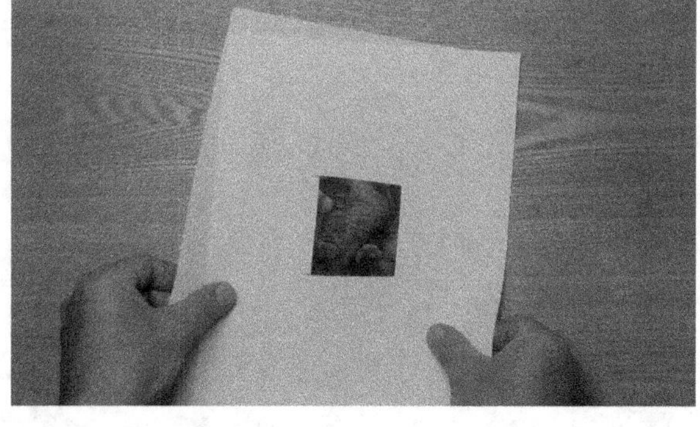

Vous allez tracer cette succession de valeurs en respectant cette fois-ci les différents angles et courbes qui vont se présenter à vous.

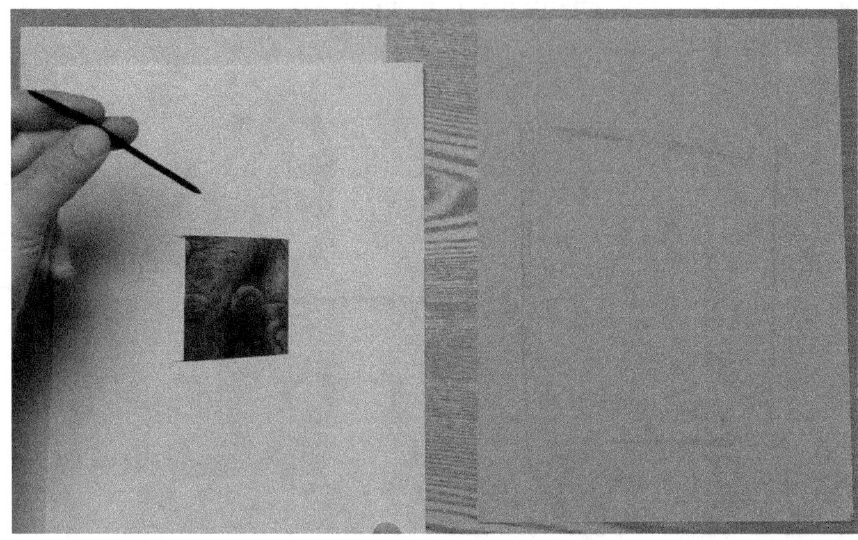

Pour vous aider, vous pouvez tracer le cadre qui va entourer votre étude.

Dans mon exemple, j'ai agrandi l'échelle environ trois fois.

Sur votre papier teinté, tracez votre échelle de 4 valeurs « étalon » ainsi

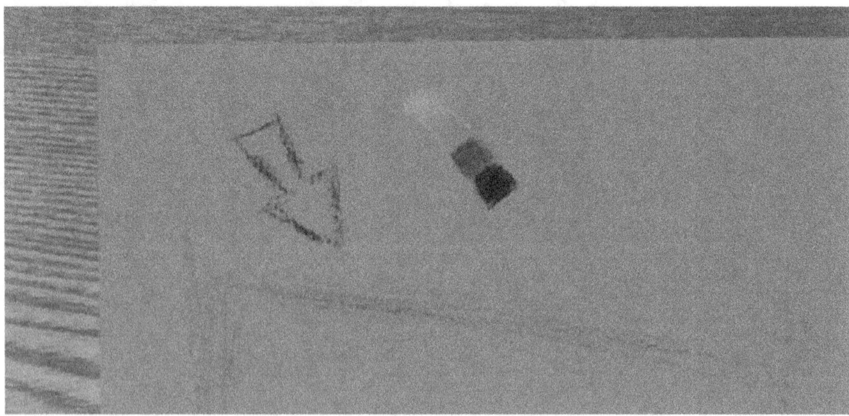

que la flèche d'orientation de la lumière.

Essayez de le faire sans prendre de mesure, à l'œil.

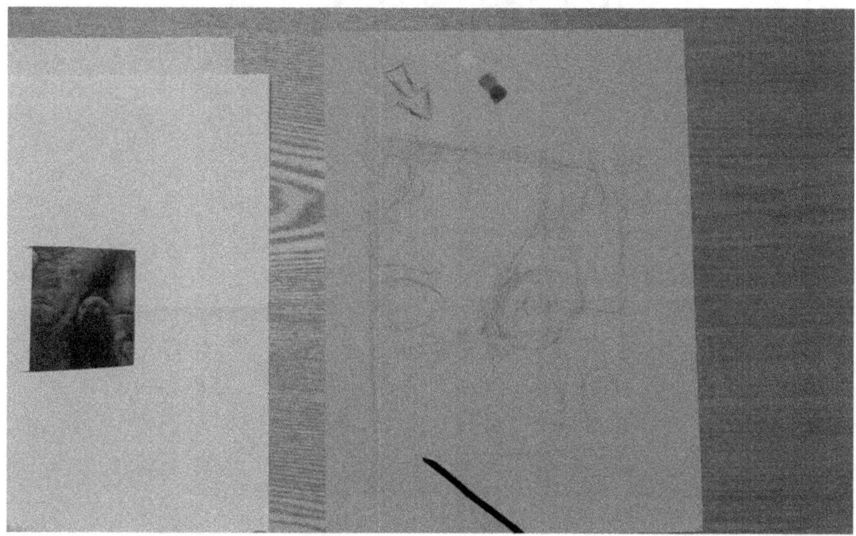

Placez à l'intérieur de ce cadre, d'un tracé léger, les éléments principaux.

À cet instant précis, vous êtes en train de faire une « esquisse ».

Une fois tous les principaux éléments mis en place, essayez de les comparer les uns par rapports aux autres.

Tel élément est-il bien proportionné par rapport à son proche voisin ?

Cet angle, respecte-t-il la bonne inclinaison, sa longueur est elle bonne ?

Ce sont toutes ces questions que vous devez vous poser mentalement.

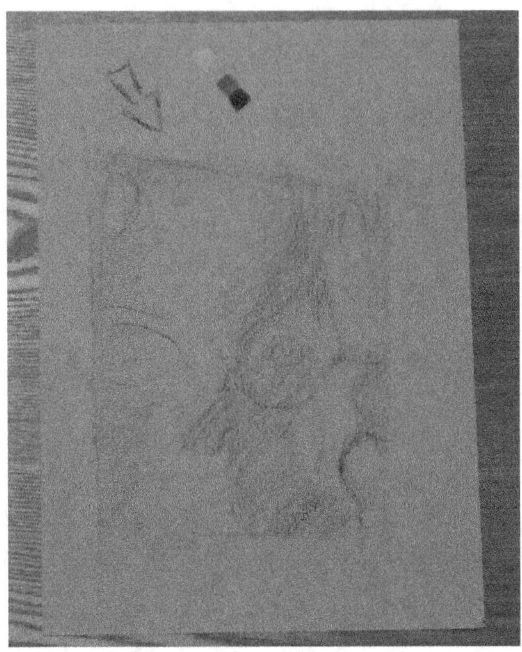

Tout semble en place, nous pouvons maintenant faire **un tracé d'ombre** général. Cela consiste à **recouvrir légèrement au fusain** en faisant notre mouvement elliptique, toutes les surfaces présentant une zone d'ombre.

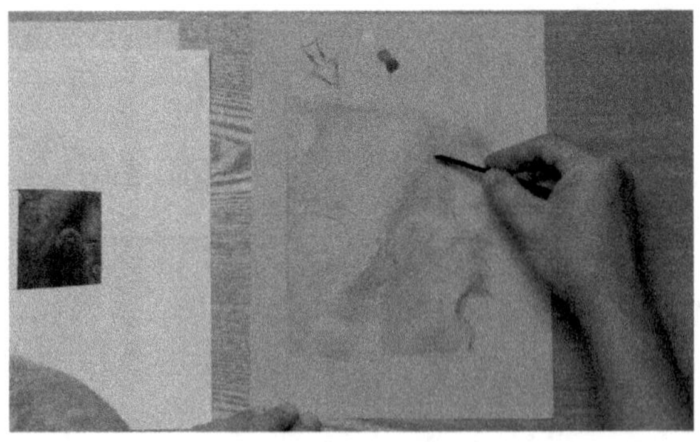

Avec l'estompe, nous adoucissons l'ensemble de ce tracé. Dans une valeur identique (**V2**).

Avec la mignonnette, je travaille maintenant les

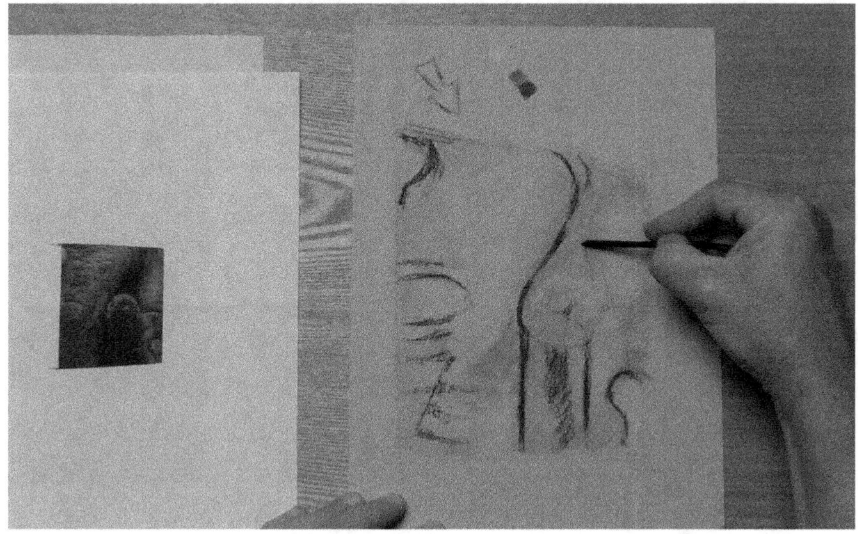

proportions. Je définis plus précisément chaque élément de la scène à reproduire.

Nous passons sur les zones les plus sombres (**V1**) notre fusain.

 Observez bien votre modèle de référence. Soyez objectif, ne laissez pas votre cerveau vous suggérer d'en faire plus ou moins. Tracez ce que vous voyez ! Rien de plus, rien de moins.

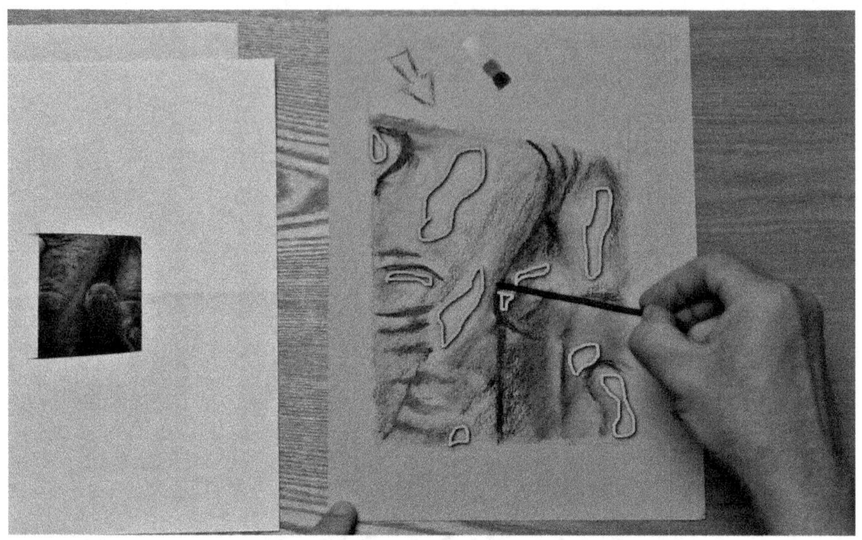

Travaillez les zones intermédiaires, utilisez l'avant-dernière valeur de notre échelle la (**V2**). Déposez un peu de fusain sur toutes les parties concernées par cette valeur, **dessinez en globalité**, ne restez pas cloisonné sur un seul emplacement. Estompez en respectant cette valeur.

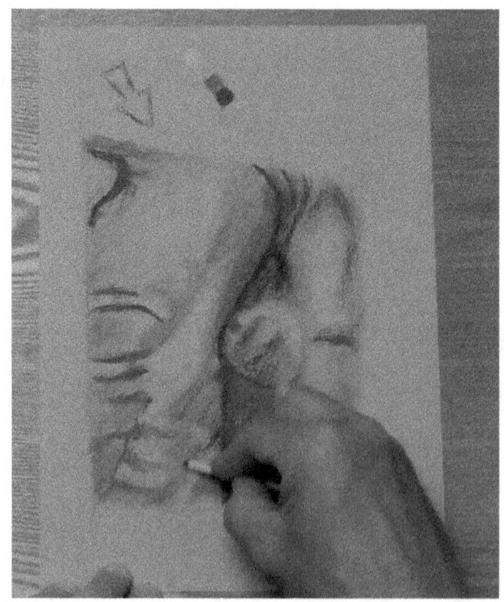

Avec l'estompe, il faut fondre la valeur moyenne. Attention à bien réserver la teinte du papier qui correspond à l'une des valeurs claires de notre échelle la valeur (**V3**).

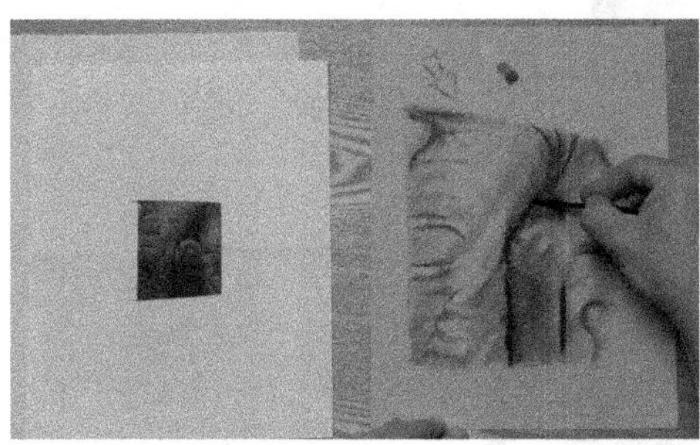

Avec la gomme mie de pain, « j'ouvre les blancs ». Cette opération, aère les zones où le fusain est trop présent. Avec l'estompe, j'équilibre aussitôt les différentes valeurs.

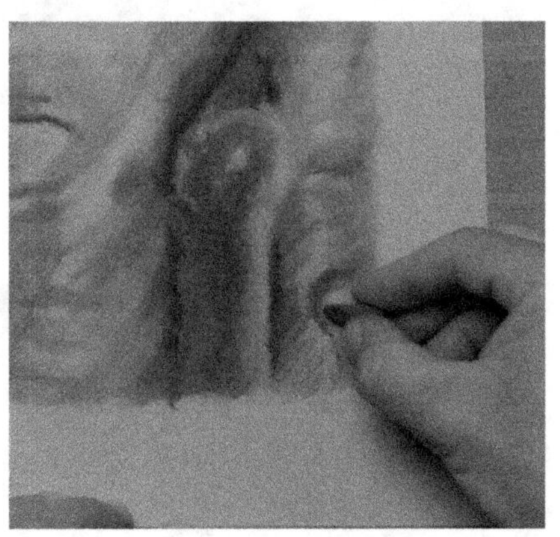

À partir de maintenant, c'est un enchaînement de séquences répétitives, d'apport de pigment de fusain, d'estompage, d'équilibrage à la gomme mie de pain en « ouvrant les blancs ».

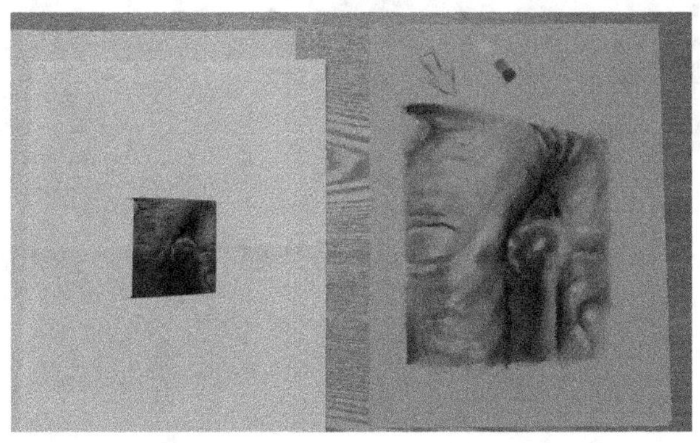

Une constante évaluation des valeurs les unes par rapports aux autres dans leur

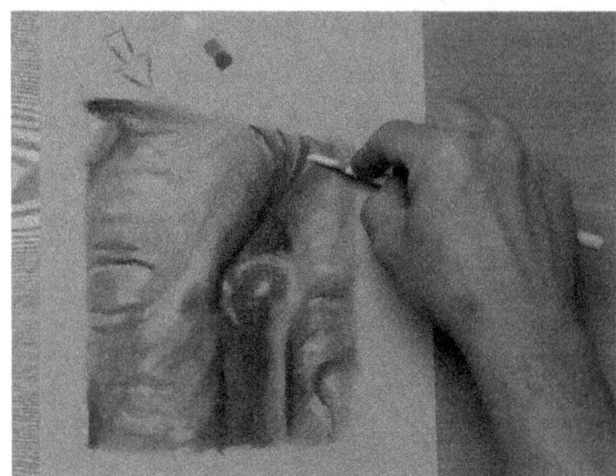

environnement local, mais aussi dans la vue générale de l'ensemble.

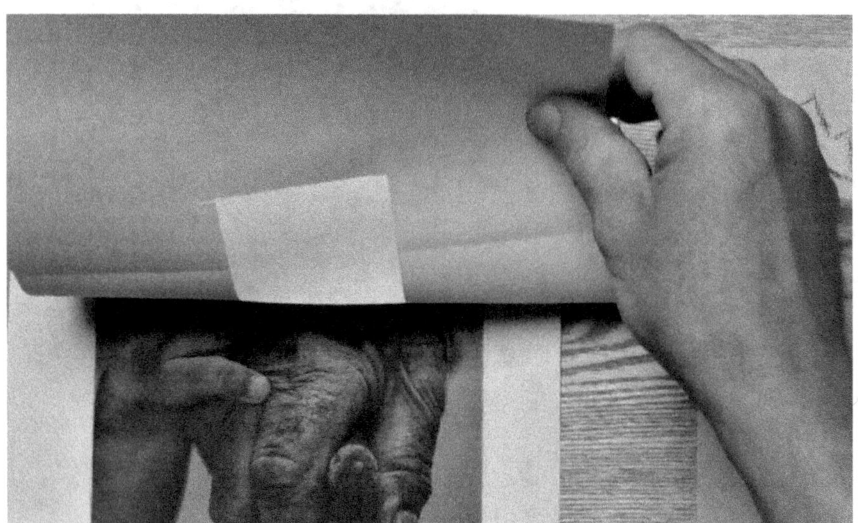

Vous pouvez enlever le cache qui recouvrait l'image de référence.

Je termine cette étude en apportant le rehaut de lumière avec ma valeur la plus claire (**V4**), celle de mon pastel blanc. Veillez à ne pas abuser de cet effet.

Placez le pigment blanc sur les zones qui en sont réellement pourvues.

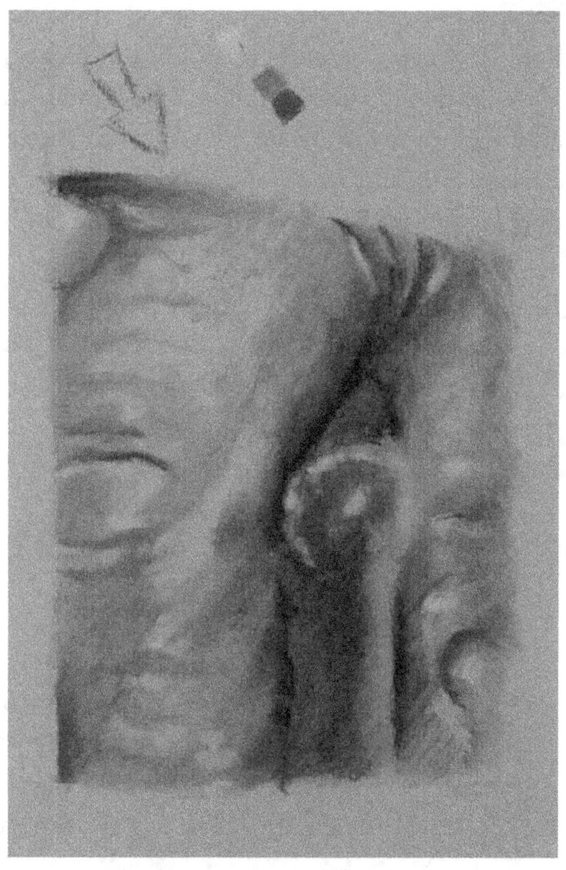

Voilà notre petite étude achevée. Nous avons le sentiment que la tâche est moins dure à effectuer. Le cache, que nous avons mis sur notre image de référence, permet de « cloisonner » notre objectif. Il nous paraît ainsi plus simple à représenter.

Le but de ces études est de vous familiariser avec toutes les notions acquises au fil de ces pages. L'aspect visuel est certes important, mais, n'en faites pas votre priorité actuelle.

Vous êtes dans une phase d'apprentissage, peu importe si ce nez ressemble plus à une pastèque.

Pour l'instant, l'essentiel est d'être de plus en plus à l'aise avec des outils de dessins nouveaux pour vous. Les utiliser avec une technique qui est elle aussi nouvelle. Alors, restez serein, même devant une étude peu convaincante et n'oubliez pas de la conserver dans vos archives de « progressions ».

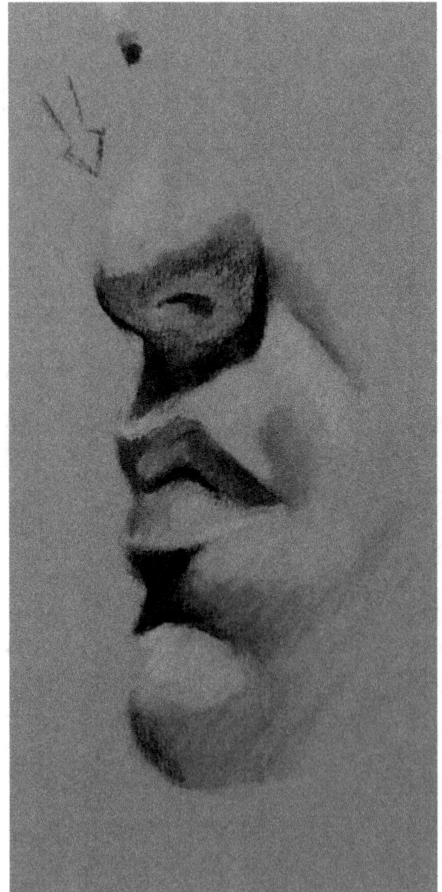

Ci-contre, un autre exemple. La succession des zones claires , moyennes et foncées est respectée. Les formes se détachent bien les unes des autres. La compréhension du spectateur n'est pas altérée par une mauvaise application de valeurs.

Choix d'un visuel (modèle)

Le clair-obscur permet de tout représenter, que cela soit du réel ou de l'imaginaire. Pas de limite, tout est possible.

Au début, appuyez-vous sur des documents photos, plus faciles à mettre en œuvre.

Ce guide utilise aussi ce type de visuel. Le clair-obscur repose sur la reproduction d'ombres et de lumières, si votre modèle présente ces éléments de façon optimale, soyez certain que cela vous facilitera grandement la tâche dans la création de votre reproduction.

Le dessin au clair-obscur peut être appliqué à une infinité de thèmes. Vous êtes plus sensible à un sujet et bien abordez le sans crainte de l'échec.

Sur ce point, c'est juste une question de goût.

La pratique de cette technique associée à ces sujets que vous affectionnez va décupler votre désir d'apprentissage.

Personnellement, le portrait, les visages du monde, le nu ont ma préférence.

Quel que soit le sujet que vous voulez reproduire, il devra, de base apparaître de la meilleure façon possible.

Il sera préférable de travailler à partir d'un visuel (photo) présentant ces points clés :

- Une source de lumière favorisant l'apparition d'ombres plutôt contrastées sur le sujet.

- Pour des portraits, nus, natures mortes, une seule source de lumière est à favoriser.

- Le visuel doit déja révéler une émotion. Cette émotion devra être magnifiée par votre travail graphique, sinon, aucun intérêt, nous ne recherchons pas à faire une « photocopie » mais une interprétation la plus personnelle possible d'un sujet.

Astuce : plisser vos yeux

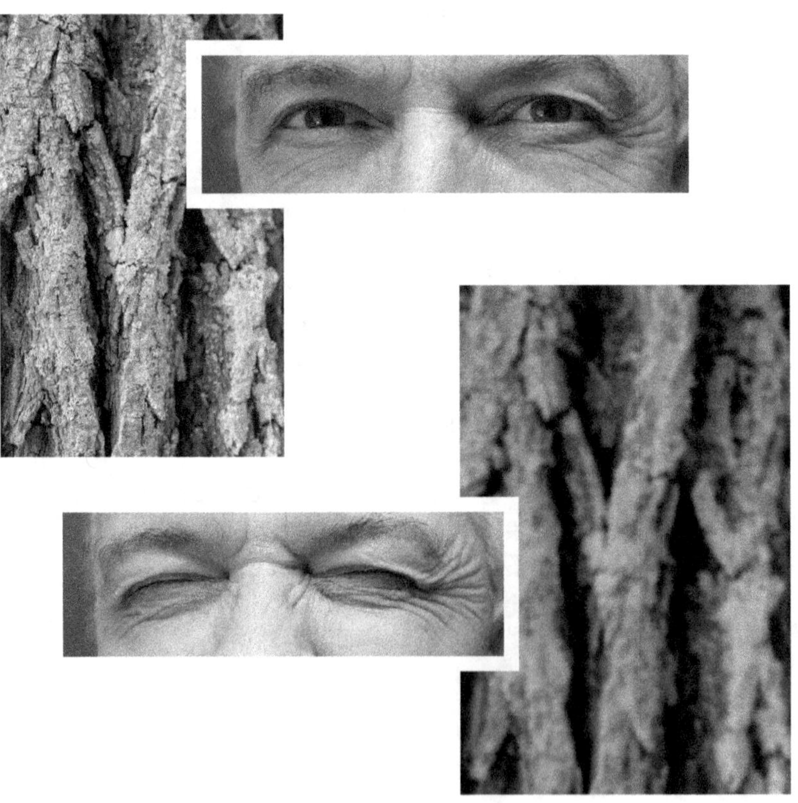

Pour vous aider à déterminer les grandes masses de votre visuel cette astuce est aussi valable pour un dessin réalisé d'après nature vous pouvez plisser vos yeux. Cela va diminuer considérablement votre vision, atténuer les couleurs mais cela va avoir comme énorme avantage de vous « révéler », en les simplifiant, les différents plans constituant votre modèle à reproduire. Faites l'expérience dès maintenant, observez un élément proche de vous, voyez comme il apparaît bien plus simple pour en faire la synthèse et le convertir en tracé simple pour votre esquisse initiale.

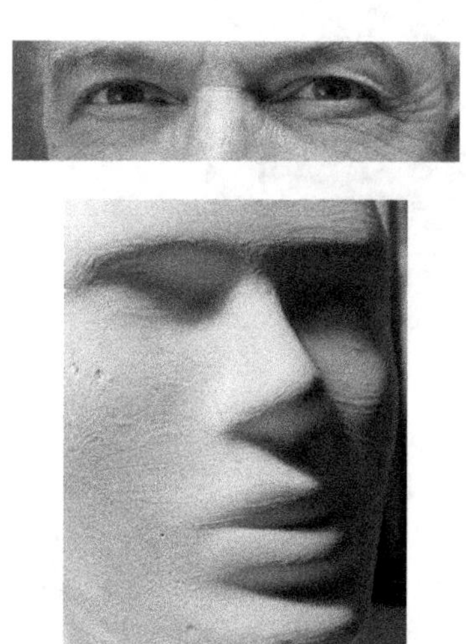

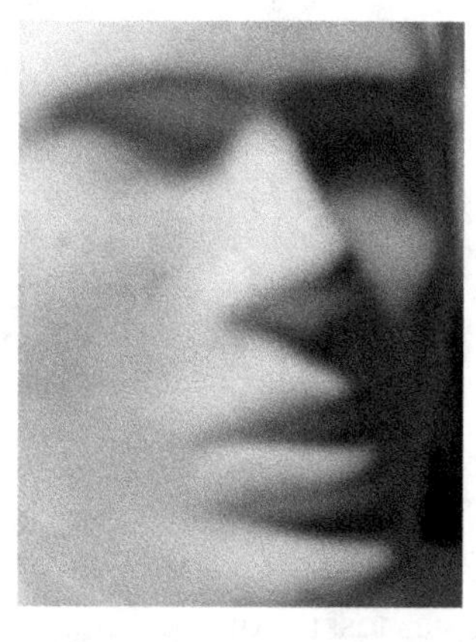

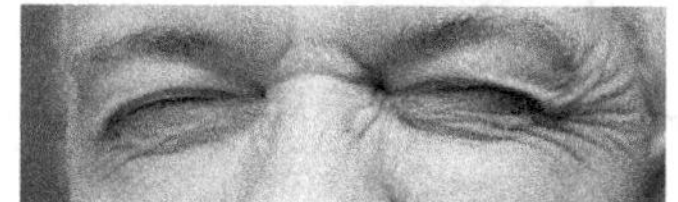

Le focus, les zones floues

Vous le savez maintenant, avec le clair-obscur, nous recherchons à créer sur notre support le meilleur effet 3D possible, la profondeur idéale pour donner beaucoup plus que ne le fera une photographie. Sans cela, je ne vois guère l'intérêt de passer du temps à l'ouvrage.

Pour vous aider dans cette tâche, je vous conseille d'utiliser des visuels qui présentent un plan bien net associé à d'autres zones floues sur cette même image.

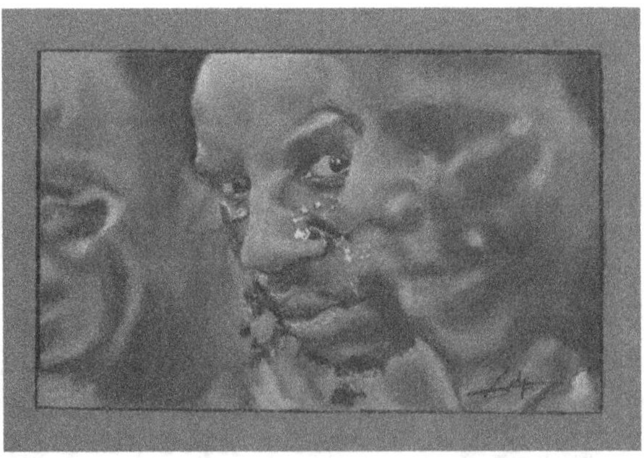

Portrait de Papous, dessin d'après une photo originale de © Eric Lafforgue.

Sur ce dessin, que j'ai réalisé à partir d'une photographie © d' Eric LAFFORGUE , le visage au premier plan et celui situé au troisième plan sont flous. Celui du centre est net, bien mis en valeur. Le regard du spectateur est immédiatement guidé vers lui.

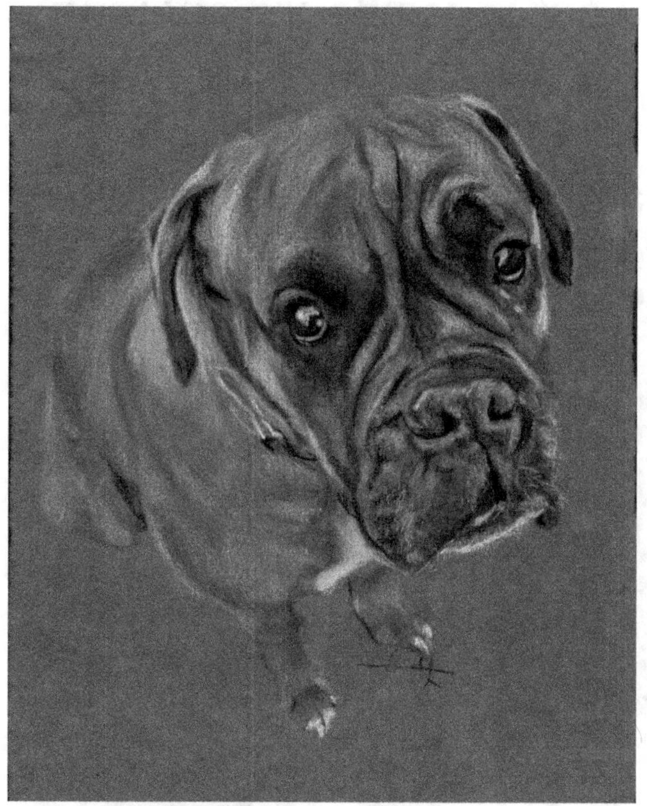

Sur cet autre exemple de dessin, le focus se fait parfaitement sur la tête du chien qui est bien nette. L'arrière-plan, avec une valeur générale de moyenne à claire et surtout son flou, contribue grandement à cet effet de profondeur sur le regard de l'animal.

Quelle est la meilleure position pour dessiner ?

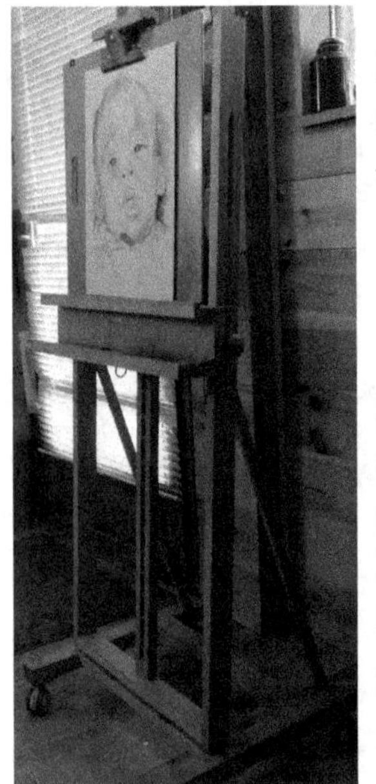

La position idéale pour pratiquer votre loisir favori vous est propre. L'essentiel étant que vous soyez le plus à l'aise possible.

Si vous dessinez d'après nature, il est évident que l'emplacement, la position de votre modèle va déterminer votre propre position. Mais notez que vous allez devoir travailler de longues minutes ainsi, alors ménagez votre propre posture.

Si vous travaillez d'après photo, depuis un écran, c'est là aussi question de goût. Si votre modèle est visible sur un plan vertical, incliné, vous pouvez aussi incliner votre feuille, du moins le support qui la maintiendra dans cette position.

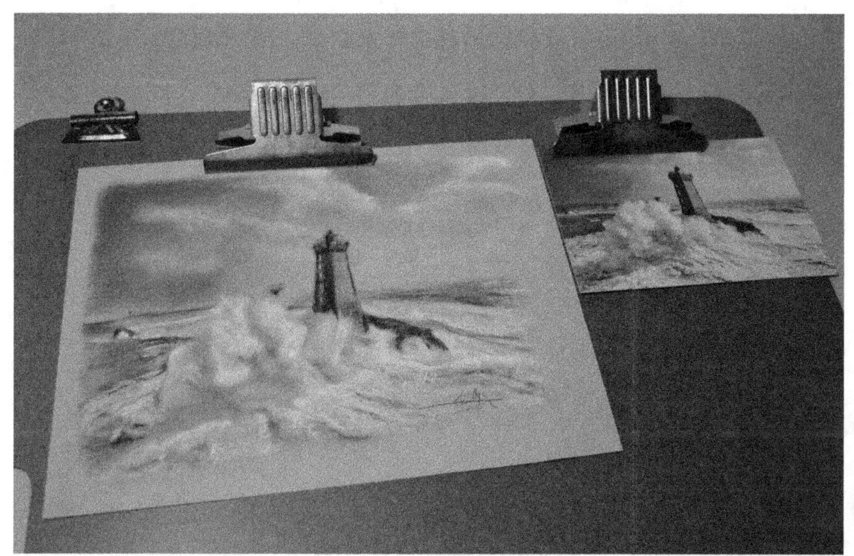

Il sera plus facile d'observer et de reproduire le modèle si ces deux éléments se présentent à vous dans la même position. Si vous êtes droitier, vous préférerez sans doute placer votre modèle à votre gauche, inversement pour un gaucher. Libre à vous, votre efficacité et confort avant tout. C'est vous qui devez ressentir la meilleure position pour commencer votre séance de dessin. L'essentiel étant d'avoir un bon champ de vision entre le visuel à représenter et votre feuille à dessin. Votre cerveau se chargera de compenser l'angle de vision auquel vous allez le soumettre.

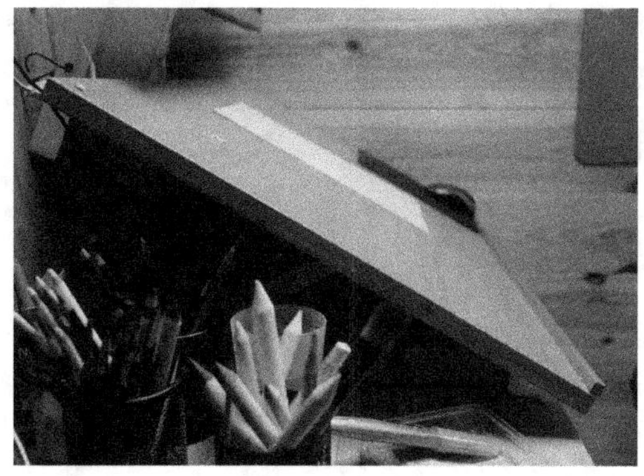

Personnellement, j'aime bien dessiner sur un support incliné à 45 degrés

6 étapes basiques dans la création d'un dessin au clair-obscur

1. L'observation

2. L'esquisse initiale

3. Les proportions

4. Le tracé des ombres.

5. Le contrôle de bords

6. Les détails

Etape 1 : L'observation

Observation de notre modèle (d'après photo ou d'après nature).

Avant même de vous munir du fusain, il est important, même crucial, de passer le temps nécessaire sur cette étape d'observation.

Vous avez devant vous le document sur lequel vous allez vous appuyer pour créer votre étude (nous sommes en apprentissage, je vous le rappelle :-)

Je vais vous décrire comment il serait judicieux de votre part d' analyser de la meilleure façon votre modèle de référence.

Que cela soit du point de vue de sa composition, de la, ou des lumières qui entrent en action sur les différentes formes qu' elles frappent directement ou indirectement. Ainsi que les différents types d'ombres qui en découlent.

J'ai choisi des images dans différentes thématiques afin de vous démontrer que tout visuel demande autant d'attention et d'analyse, que cela soit un visage en gros plan ou un paysage dans le lointain.

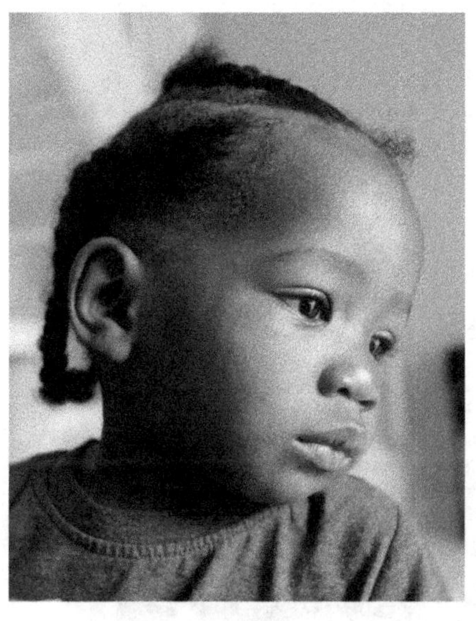

Analyse du portrait d'un jeune garçon :

Pour ce portrait d'enfant, la pose est de 3/4 droite, légèrement inclinée vers le bas. La source de lumière est naturelle et provient du haut et de la droite. Cette lumière vient éclairer principalement le côté du front, le dessous de la paupière inférieure, le bout gauche du nez, la gauche de la lèvre inférieure ainsi que l'avant haut de son oreille droite.

Analyse de l'homme sur canoë :

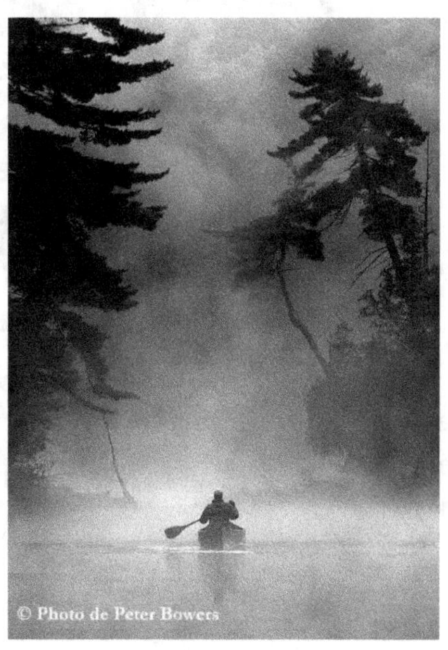

Pour ce paysage, le premier plan est occupé par la masse de l'eau. Le reflet de l'embarcation au centre avec l'homme s'y reflète. La rame qui vient d'agiter l'eau apporte avec cette ondulation une brillance de lumière qui rejoint en surface l'arrière du canoë. La partie gauche du canoë est dans une ombre propre, sa partie droite bénéficie du reflet de l'eau sur ce côté.

La rame se trouve dans l'axe coude gauche et épaule/main droite du rameur et apparaît beaucoup plus claire.

Au second plan, la ligne des arbres est dans la valeur la plus sombre. Les détails de certaines branches sont bien nets.

Pour finir, l'arrière-plan est occupé lui aussi par une épaisse brume présentant différentes tonalités

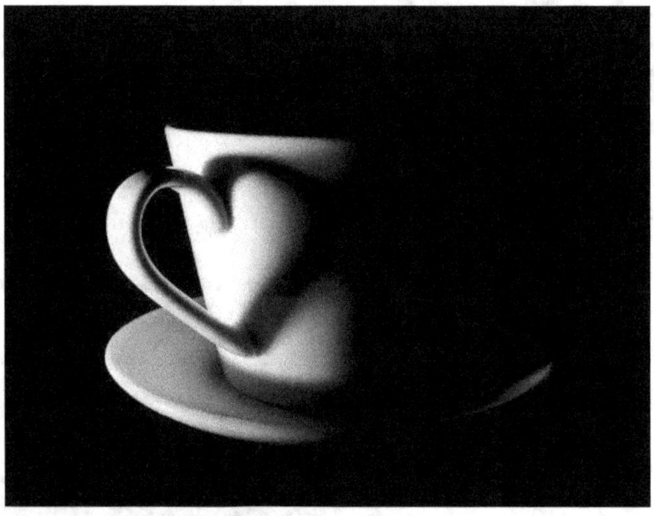

Analyse de la tasse :

Pour cette tasse, l'éclairage unique vient de la gauche. L'ombre portée de l'anse nous aide dans cette déduction. La couleur blanche de la céramique vernie amplifie l'effet de cette source de lumière.

Sur l'intérieur de l'anse, on note le reflet de lumière qui suit nettement sa courbe.

L'ombre propre de la soucoupe à gauche est bien mise en évidence, coincée en haut par la lumière qui vient frapper extérieurement l'anse de la tasse et sur le côté et en bas le rebord de la soucoupe.

Sur la droite un reflet de lumière nous donne une indication de largeur de cette même soucoupe.

L'effet graphique, en forme de cœur, devra être traité de 2 façons. Sur la gauche, par des bords nets avec une succession de zones claires et obscures. Tandis que la droite du cœur sera traité en une ombre portée déformée, devenant de plus en plus floue sur sa droite. Tout à droite, cette ombre portée ira se fondre dans l'ombre propre du corps de la tasse.

Vous l'avez vu, chaque visuel demande autant d'attention. Rien ne doit être laissé au hasard. Établissez, pourquoi pas, votre propre méthodologie, passez en revue chaque élément

- Où se trouve l'élément principal, celui qui doit attirer le regard du spectateur.

- Les différents plans, simplifiez-les mentalement. Imaginez leurs formes comme des pièces de puzzle que vous pourriez facilement dissocier.

- Plissez vos yeux pour visualiser les grandes masses de votre modèle

- Déterminer la ou les zones nettes, les zones floues.

- La lumière, son incidence sur les volumes

- Les ombres, leurs types, les différents tracés qu'elles dessinent.

Mais avant tout, sélectionnez le meilleur document possible. Vous le verrez tout au long de votre vie d'artiste, un bon modèle (ici un visuel photographique) est bien plus profitable pour en tirer le meilleur. Ne grillez pas vos chances en partant dès le départ avec un document inadapté.

Il m'arrive tout au long de l'année, à défaut de pouvoir obtenir de la part d'un client un visuel idéal, de refuser à contre cœur la commande. Par expérience, je sais que mon niveau technique ne me permettra pas de sauver la mauvaise qualité de l'image à reproduire. Je vais perdre mon temps, mon énergie et surtout, le client ne sera pas satisfait du résultat final que je vais lui présenter.

Etape 2 : L'esquisse initiale

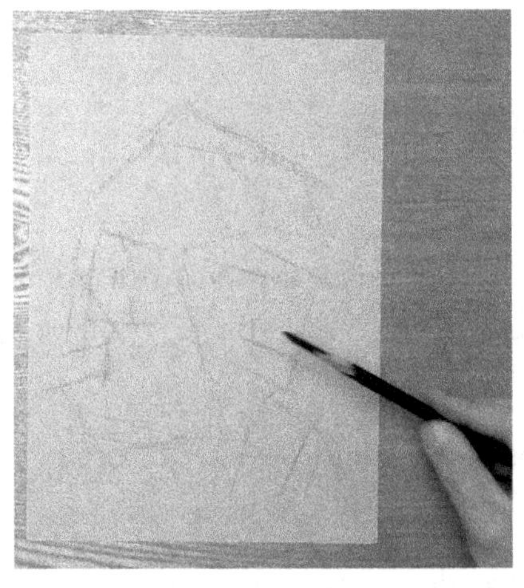

C'est la « **fondation** » de tout dessin.

L'esquisse à main levée, le Graal pour bon nombre de dessinateurs, dessinatrices.

Je parle ici, d'un tracé réalisé avec aisance, d'un seul jet, d'une construction allant à l'essentiel.

Si vous n'êtes pas encore à l'aise avec cela, pas de souci, pas de stress inutile. Abordez la un peu plus tard, ne vous inquiétez pas, le moment venu, vous ressentirez le besoin de passer à l'esquisse à main levée, je suis passé par là moi aussi. À ce moment-là, commencera pour vous un autre apprentissage.

*** Si vous faite votre esquisse à main levée, il vous faut passer à l'étape 3, celle des proportions.**

Aide au débutant

En attendant ce moment, faites vous plaisir d'abord. Cela sera gratifiant pour vous de commencer avec des aides visuelles qui vont vous permettre d'obtenir des esquisses justes, bien proportionnées. Vous éviterez ainsi une éventuelle frustration et peut être même un abandon pur et simple de votre apprentissage du dessin et particulièrement ici du dessin au clair-obscur.

Dans ce guide pratique, je vous propose 2 modes de création pour arriver à vos fins, **la mise aux carreaux** et **le projecteur led**. Ce sont deux méthodes que je vous recommande pour faire vos premières esquisses.

Ce sont des aides techniques précieuses pour le débutant.

La mise aux carreaux

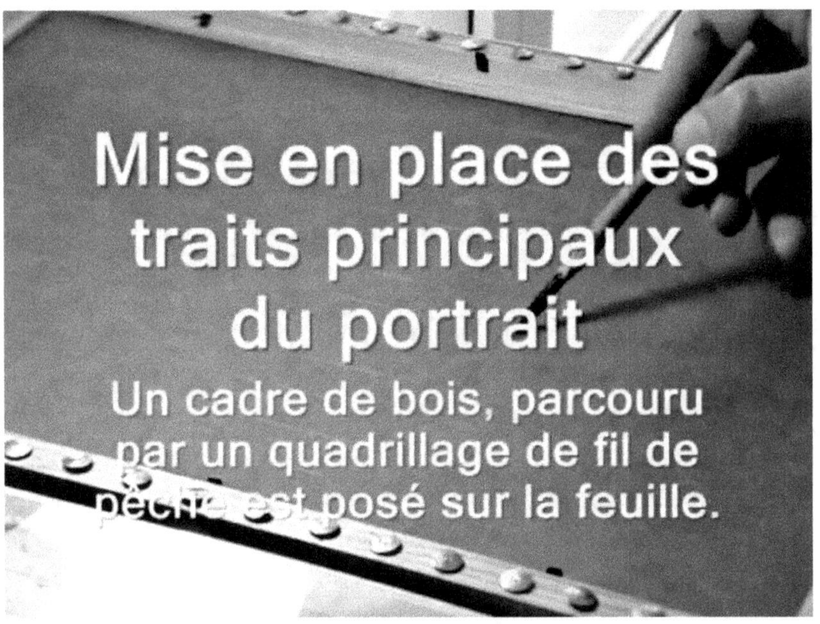

Une méthode très ancienne, la mise aux carreaux. Les grands maîtres l'utilisèrent eux aussi pour reproduire à grande échelle leurs esquisses initiales.

La mise en œuvre pour réaliser une esquisse à l'aide de la méthode du carreau est très simple.

Vous pouvez par exemple imprimer votre modèle sur une feuille A4.

À l'aide d'une règle réalisez votre quadrillage, respectez bien les mesures pour avoir des cotés identiques et obtenir de magnifiques carreaux.

Vous pouvez utiliser pour cela une mine graphite de critérium en 0.5 mm. Vous aurez des carreaux bien nets. Plus les carreaux seront petits et nombreux, plus votre reproduction sera précise.

Maintenant, sur votre feuille de papier, faites la même chose, cette fois-ci, utilisez le crayon fusain « H ». Faites des tracés légers (plus facile à gommer). Vous avez la possibilité de faire des carreaux plus grands, vous allez ainsi agrandir votre esquisse.

Personnellement, lorsque je faisais mes esquisses initiales avec la méthode du carreau, pour éviter de tracer ces carreaux sur ma feuille à dessin, j'utilisais un cadre en bois qui était parcouru par un fil de pêche. De simples punaises maintenait en place ce canevas de carreaux.

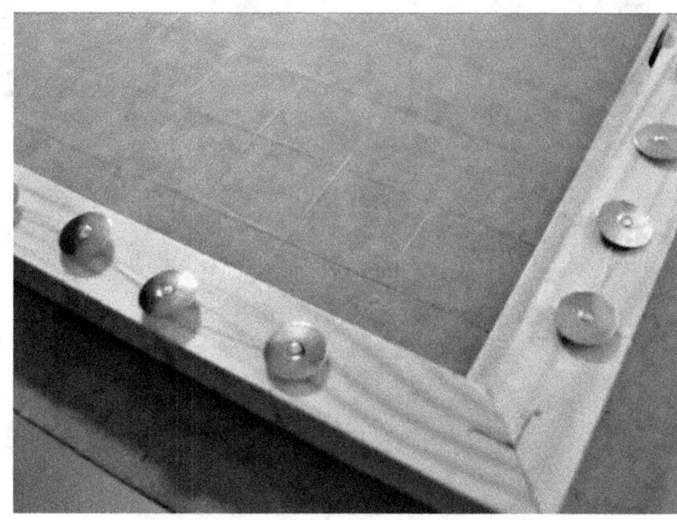

Le système « D »de simple punaise pour tisser ma toile de fil, horizontaux et verticaux..

Pour éviter de tracer des carreaux sur mon document de référence, j'utilisais à la place une feuille plastique transparente où des carreaux étaient tracés avec la pointe fine d'un feutre à encre indélébile.

Ainsi, mon document n'était pas endommagé.

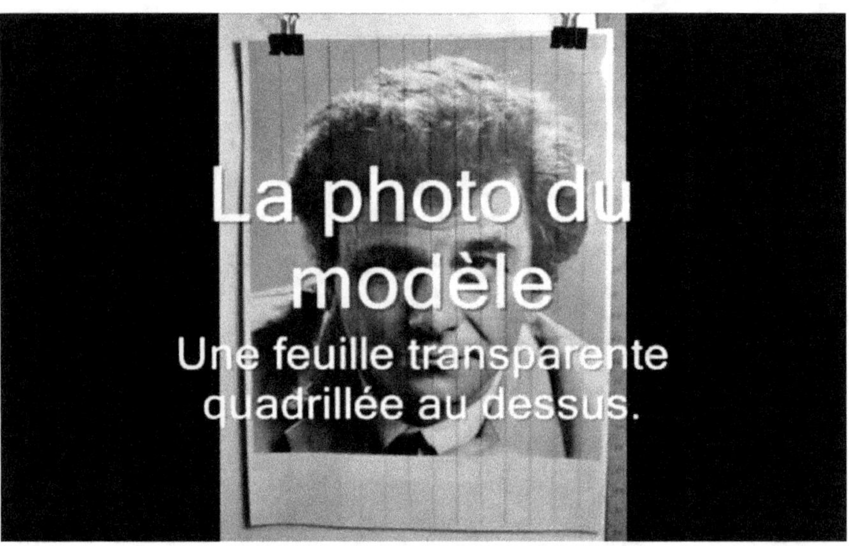

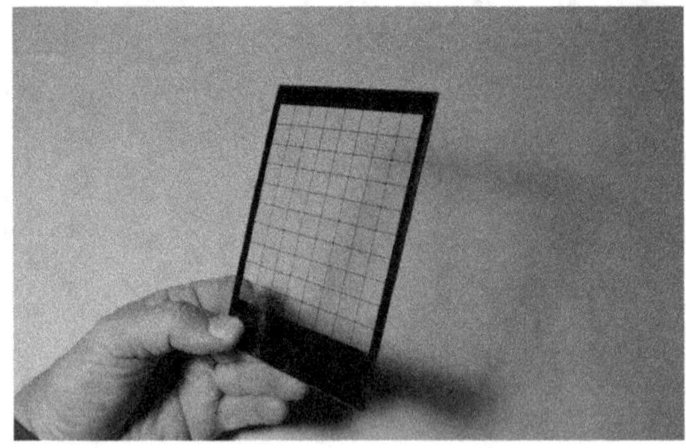

Dans le commerce, il existe des grilles qui peuvent remplir la même fonction. Les paysagistes les utilisent pour placer leurs perspectives sur leur toile.

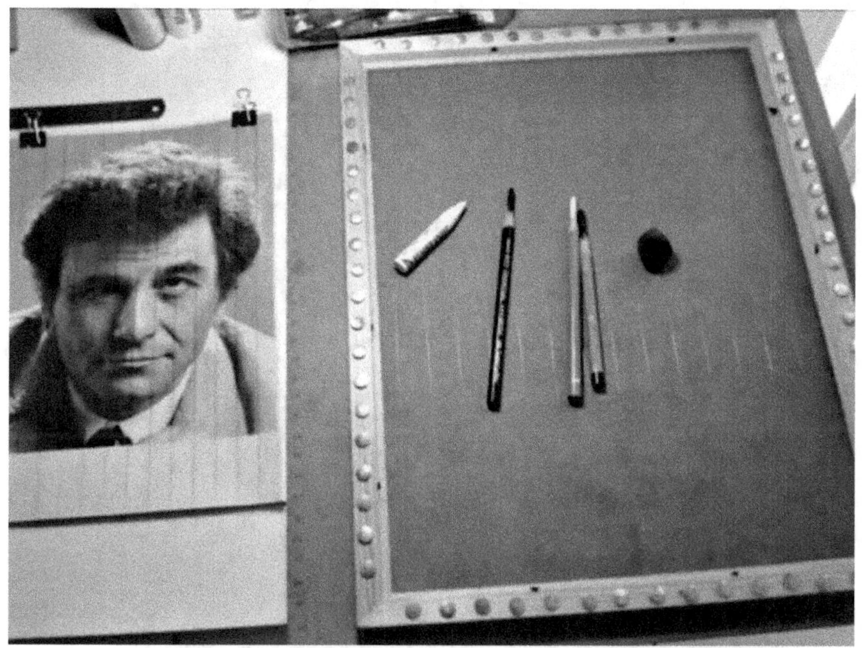

*Pour cet exemple, j'utilise une photographie représentant l'acteur **Peter Falk***

Une fois en place sur ma feuille à dessin, il suffit de reporter dans le bon carreau les éléments se trouvant dans chaque carreau sur ma photo de référence. Avec l'habitude et en m'aidant de ce matériel, j'arrivais à ce résultat en moins de 1 heure 30'.

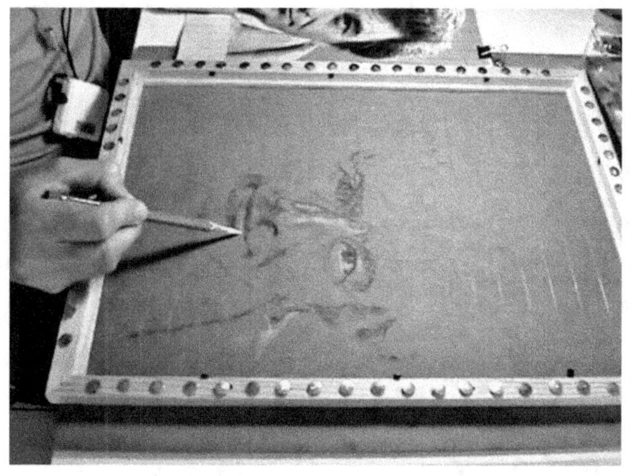

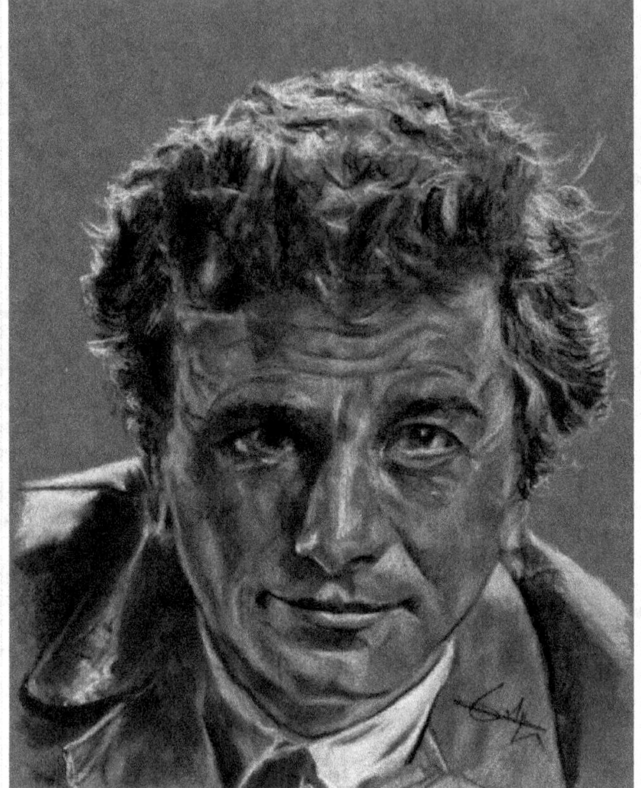

Peter Falk © flohic

Cela est gratifiant, mais au bout d'un moment, l'envie de dessiner à main levée sera plus forte, soyez en sûr.

Mais, je le répète, vous pouvez utiliser cette méthode sans culpabiliser, surtout si vous débutez. Vous aurez ainsi l'assurance que vos éléments principaux seront à la bonne place. Vous serez plus serein face à la mise en valeur de l'ensemble de votre étude.

Le projecteur LED

Si vous utilisez un projecteur LED, vous savez certainement manipuler les fichiers informatiques et les

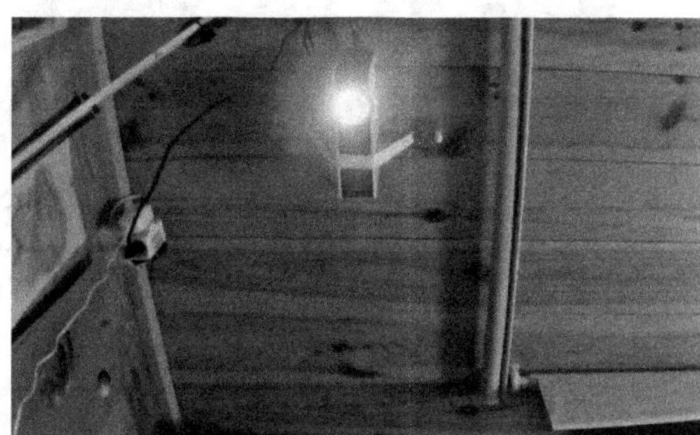

différents supports qui les contiennent, clé USB, carte SD. Rien de bien compliqué pour les autres, il faut juste se lancer.

Plus récente grâce aux nouvelles technologies, la projection LED offre une rapidité d'exécution certaine.

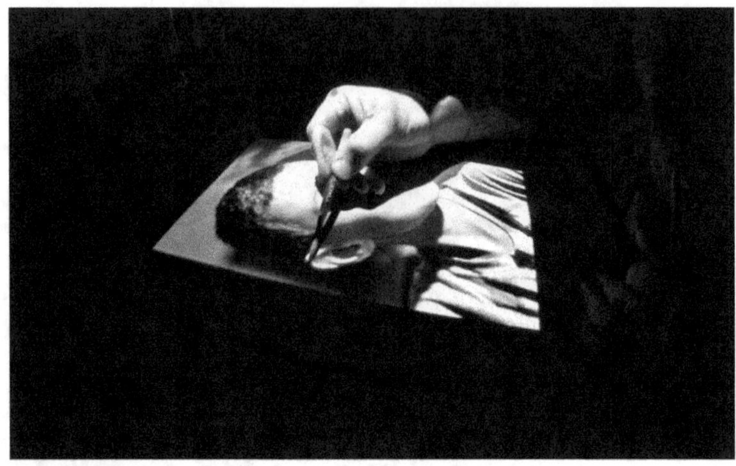

Vous projetez votre image sur le support papier, généralement dans un environnement plutôt sombre afin de bien voir les contours que vous désirez reproduire. Avec l'habitude, vous saurez quels éléments sont importants à tracer.

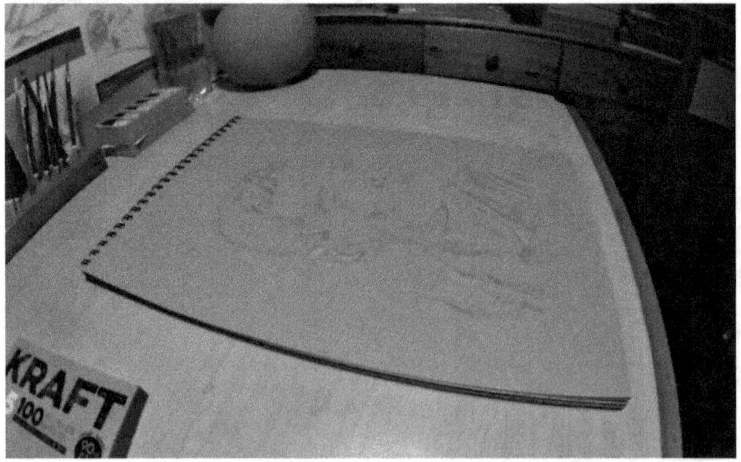

Contrairement à la mise aux carreaux, ici, vous tracez directement les contours. Dans notre exemple, j'utilise le crayon fusain « H » pour faire cette esquisse. Faites un tracé léger, n'oubliez pas !

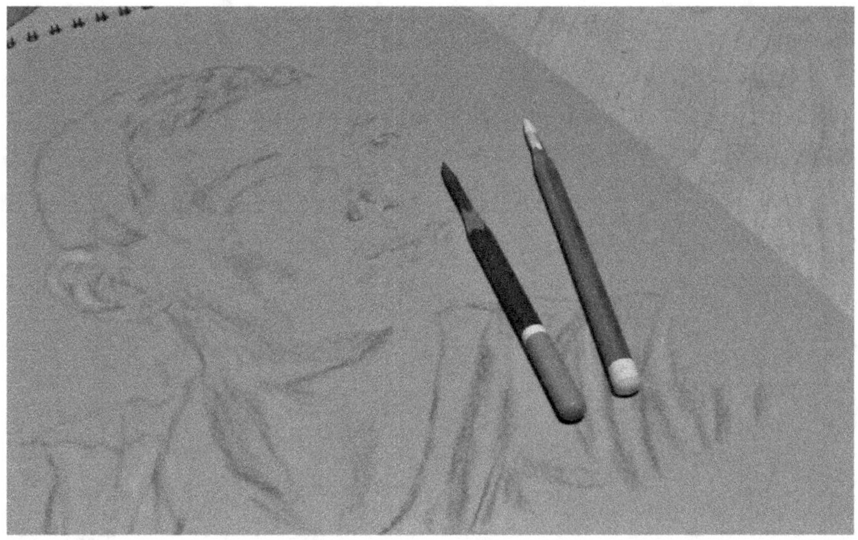

Utilisez sans complexe ces aides visuelles, ce sont **des aides techniques rien de plus** n'en déplaise aux grincheux.

Ces deux méthodes se réalisent facilement, la seconde encore plus rapidement. Il en existe d'autres, je vous ai présenté celles que j'ai utilisé à mes débuts, moins souvent maintenant.

*** Si vous utilisez ces aides, inutile de passer par l'étape 3 , celle des proportions, vous pouvez passer directement à l'étape 4, le tracé des ombres.**

Etape 3 : Les proportions

Cette étape est pertinente si vous avez esquissé à main levée votre étude. À ce stade, il nous faut arriver à **la ressemblance**, en tout cas lorsque notre modèle de référence l'exige, comme un portrait humain.

Vous pouvez vous aider de différents outils : règle, équerre etc pour établir des rapports d'écartement de tel élément par rapport à un

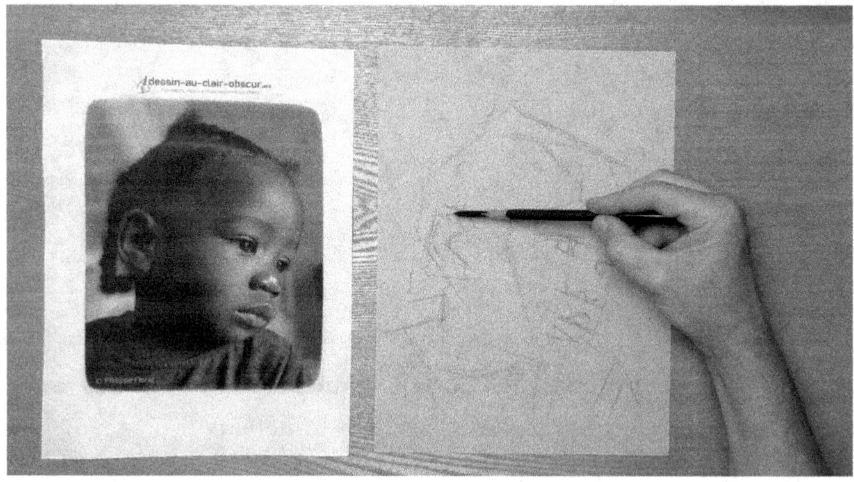

autre. Mais au final, il s'agira de s'affranchir de tous ces moyens et d'arriver à positionner tous les éléments entre eux sans ces aides d'évaluation de distances. Pour cela, il vous faudra beaucoup de travail, il n'y a pas de secret en dessin comme dans n'importe quel autre secteur d'activité, il faut persévérer. Cette étape terminée, vous devez être capable de reconnaître sans difficulté le modèle que vous venez de reproduire sur votre feuille. Cela sera d'autant plus vrai pour une reproduction de portrait humain. Vous le savez, dans cette thématique, les personnes qui vont voir votre étude seront pour la plupart d'entre elles bienveillantes, mais si la ressemblance n'y est pas, elles ne seront pas totalement conquises par votre travail.

Etape 4 : Le tracé des ombres.

Le **tracé des ombres** est une sorte de « **coloriage** ».

Je plaisante, mais c'est un peu ça. Attention, à ne pas l'entreprendre à la légère.

Il faut appliquer le fusain naturel de façon identique sur tous les plans où une ombre doit être posée. Observez votre modèle, prenez le temps nécessaire, je ne l'écrirai jamais assez, reportez sur votre feuille cette ombre en respectant le mieux possible sa forme. Ne laissez pas votre cerveau interpréter la forme à représenter, reproduisez ce que vous voyez, rien de plus, rien de moins.

Si votre étude est réalisée sur un format papier standard, comme ici du A4. Une estompe numéro 1 conviendra parfaitement. Elle pourra intervenir dans les zones demandant une précision accrue sans grande difficulté.

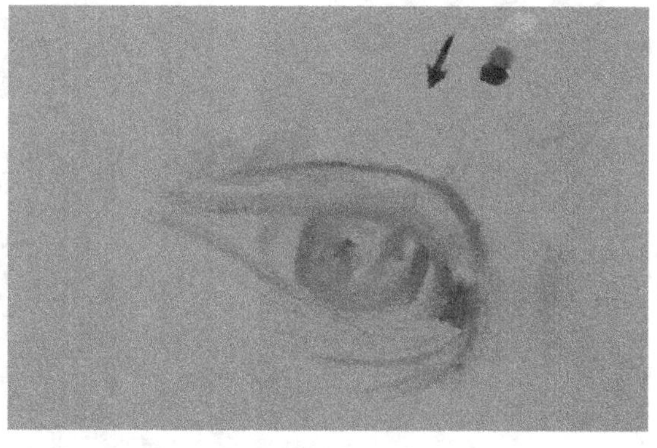

Veillez à travailler dans un environnement propre, les éléments qui n'ont rien à faire sous la main doivent être éloignés, pas de tasse, verre, qui risquerait de se renverser. Vous serez amenés à manipuler votre feuille en tout sens, il ne faudrait pas qu'un élément inutile vienne souiller, salir, froisser votre papier et anéantir votre travail du moment.

Etape 5 : Le contrôle de bords

Ici, notre échelle de valeur va bien nous aider, c'est notre outil de référence. Il va s'agir de bien prendre conscience de toutes les valeurs présentes sur notre modèle et les interpréter sur notre support papier. Entre en ligne de compte les différentes ombres, l'**ombre propre**,

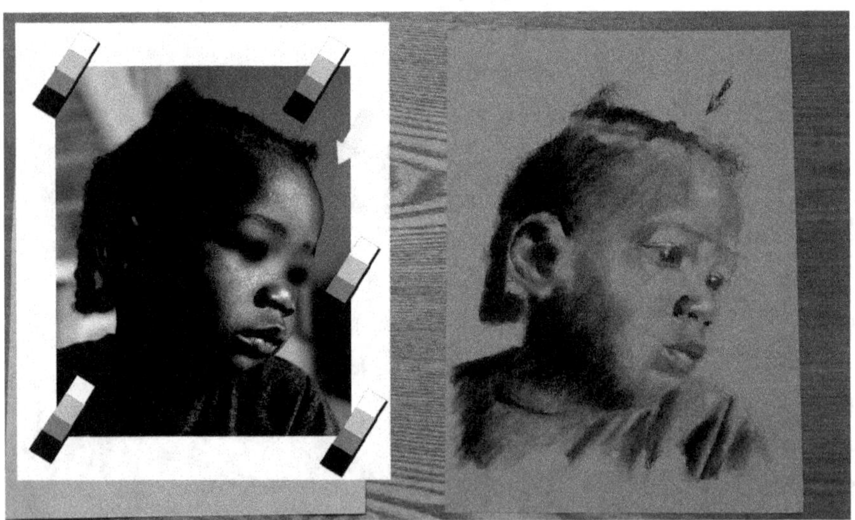

l'**ombre portée**.

Commencez par tracer toutes les ombres portées, le ton le plus sombre de votre échelle (**V1**).

Continuer avec les ombres propres, vous savez les construire, nous les avons vues précédemment.

Etape 6 : Les détails

Dans cette ultime étape, nous allons donner les derniers coups de fusain, coups de gomme afin d'apporter les détails pertinents à notre dessin. Ces détails qui vont dans beaucoup de cas « faire la différence ». cela peut être une cicatrice à accentuer, à contraster par rapport au reste du plan sur lequel elle se trouve.

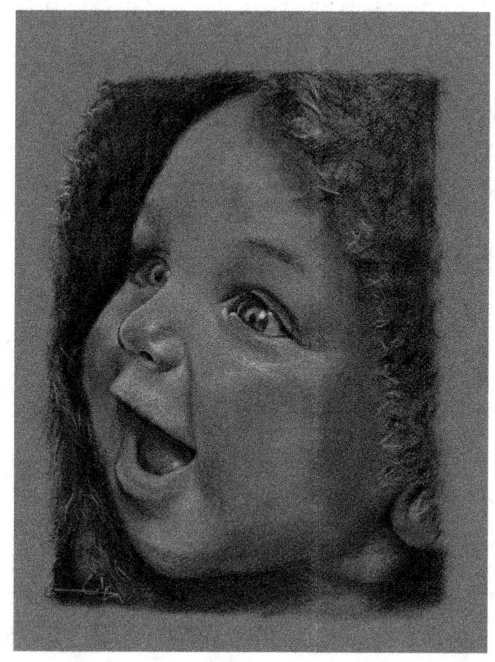

Dans le cas d'une utilisation de papier teinté, un rehaut de pastel blanc viendra renforcer l'effet tridimensionnel que nous devons obtenir avec le clair-obscur, mais cela n'est pas obligatoire, le rehaut de blanc doit être pertinent, servir notre dessin.

Évitez, l'effet « Kiri » (trop de blanc) en noyant votre étude de blanc. Dommage d'arriver à cette étape et de la gâcher ainsi.

Étude pratique sur des éléments de détails.

Avant de vous lancer dans vos propres réalisations. Avec des sujets plus ou moins complexes, je vous conseille de vous familiariser avec le dessin au clair-obscur sur des détails de différents modèles.

Pas mal de paramètres entrent en ligne de compte dans le dessin au clair-obscur. Se focaliser sur une petite partie de notre image favorisera la concentration sur ces paramètres.

Nez, bouche, texture d'un arbre, rendu d'éléments flous, etc, des exemples parmi tant d'autres.

Je vous encourage à trouver ces modèles vous-même. Vous savez maintenant quels critères favoriser dans le choix de vos visuels à reproduire.

Abordez la mise en œuvre de ces études avec méthodologie. Appuyez-vous sur les 6 étapes vues plus haut. Prenez en l'habitude, cela deviendra naturel en peu de temps soyez en sûr.

Je me limite dans cet ouvrage à quelques exemples, libre à vous d'étendre cette sélection à vos thèmes favoris.

Une fois le processus de création acquis sur un détail (local), personne ne vous empêche de passer à une représentation complète de votre sujet. Mais il ne sert à rien de s'attaquer à un projet trop ambitieux dès le début, vous allez vous y perdre. Patience !

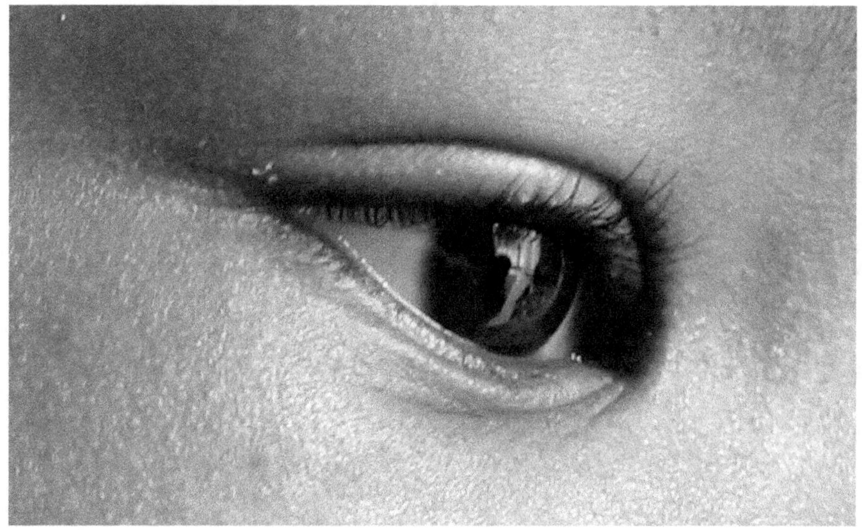

Un œil

Faire une série de « pré-études » des éléments principaux de votre modèle aura comme avantage de vous familiariser avec ces caractéristiques physiques à reproduire.

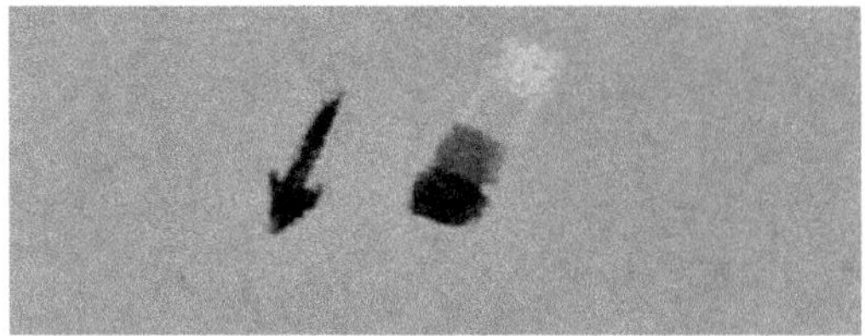

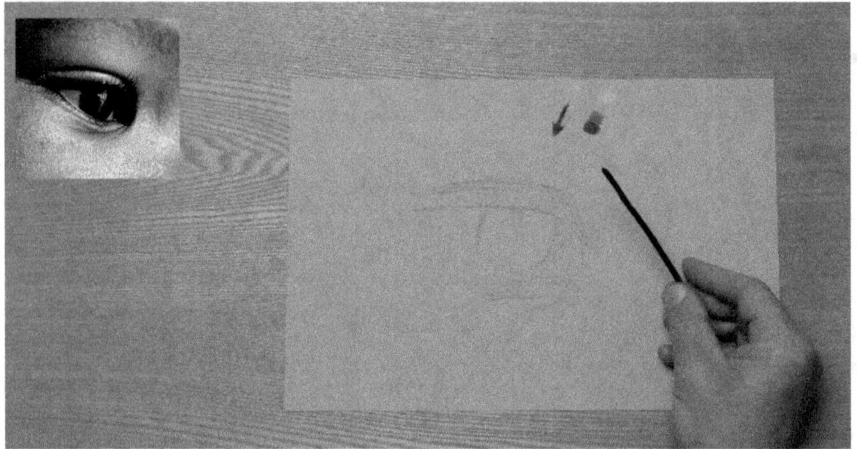

Avant toute chose, j'indique par une flèche la direction de la source de lumière principale. Pour cette étude, elle vient du haut et à droite. J'ajoute à son côté et en respectant cette même direction lumineuse mon échelle de 4 valeurs. Observez bien notre photo de référence. L'enchaînement de ces valeurs y sont.

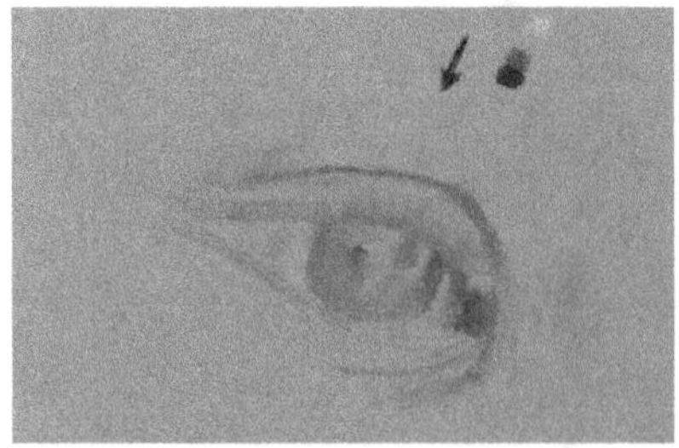

Je poursuis en traçant l'esquisse initiale de l'œil. Je mets en place les courbes de la paupière supérieure, celles des plis de la paupière inférieure, au milieu, deux autres courbes verticales délimiteront la zone de l'iris.

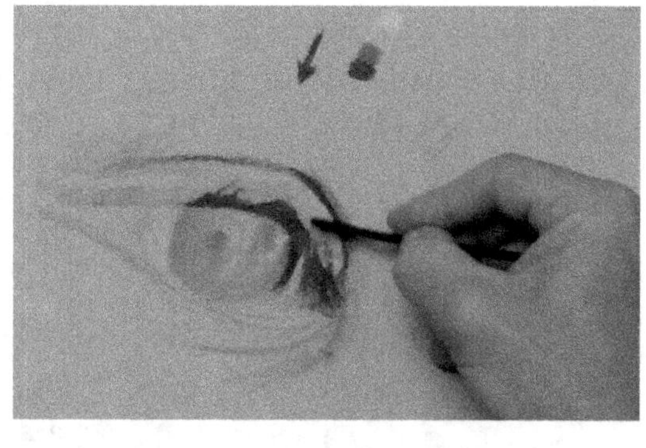

Une fois satisfait par cette esquisse, je commence à travailler mes proportions. Je compare tel élément à tel autre. Sa forme, son orientation, l'espace les séparant. C'est à cet instant que se décide la « ressemblance » .

Consacrez du temps à cette étape si votre étude le demande, notamment, dans le cas d'une reproduction locale d'un élément d'un visage humain. Dans ce cas, cela peu vous demander plus d'attention.

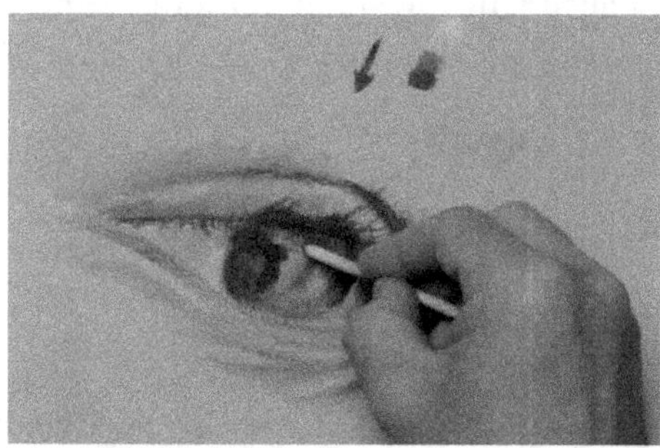

Je poursuis en appliquant mon tracé d'ombres. J'applique le pigment sur toutes les zones où se trouve une valeur sombre.

J'applique quelques tracés à l'extérieur de la zone de l'œil pour matérialiser la cavité oculaire. Cela semble anodin, mais ce détail va aider à la compréhension générale de l'étude.

L'estompe va fondre cette valeur uniformément. Elle devra correspondre à l'avant-dernière valeur sombre de notre échelle. Cet estompage englobera aussi bien les zones d'ombres propres que celles des ombres portées.

Avec ma 4ᵉ valeur, la plus sombre (**V1**), je trace les zones qui en sont pourvues,. Ce sont les zones où la lumière n'est pas présente.

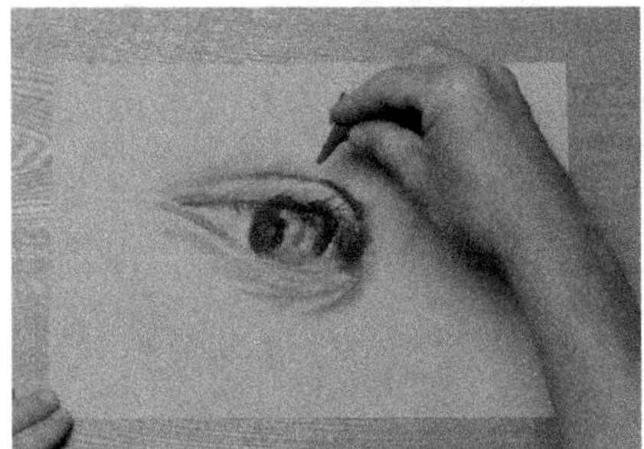

Avec l'estompe, j'harmonise cette valeur localement, ici la zone séparant la zone de l'iris du blanc de l'œil (qui en réalité n'est jamais blanc).

Je progresse dans les différentes parties de cet œil. Je ne reste pas focalisé sur une seule et même zone. Il est important de travailler toutes les zones de notre étude en même temps.

Je vais maintenant « contrôler mes bords d'ombres », c'est à dire différencier une ombre propre d'une ombre portée. Nous avons vu

ces deux types d'ombres précédemment, elles sont essentielles dans la réalisation d'études au clair-obscur. Vous devez identifier facilement ces ombres.

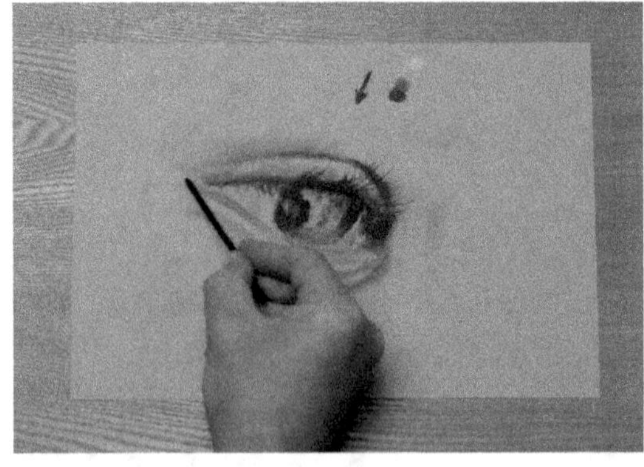

Si vous n'êtes pas encore à l'aise avec ces deux types d'ombre, je vous conseille d'observer beaucoup de visuels, de préférence en noir et blanc au début, plus faciles à appréhender.

Vous pouvez par exemple consulter le site internet Pintarest qui regorge d'images fabuleuses. Sur son moteur de recherche vous pouvez faire une recherche de type « photographie noir et blanc ». Observez en priorité des images simples, comme des objets du quotidien. Favorisez des images à l'éclairage minimaliste. Les ombres se présenteront à vous de façon plus évidente.

Je peux vous garantir que ces longues minutes d'observation affûteront votre regard.

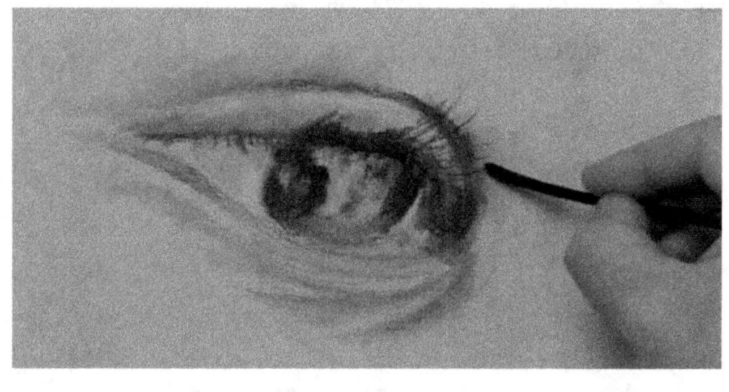

Entre en action la gomme mie de pain, Je gomme le surplus de pigment. J'aère les zones ou le fusain est trop présent. J'ajuste la valeur locale.

J'ajoute les détails, ici les cils, attention de ne pas les placer de façon trop « scolaire » (trop régulier).

Observez bien votre modèle.

Chaque cil présente une position différente. Ce sont ces petits détails qui font la différence au final.

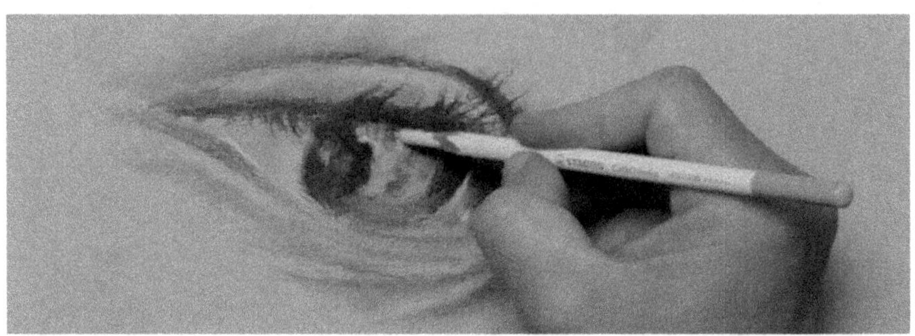

Je place les zones de lumière avec mon crayon de pastel blanc. Il s'agit de la dernière valeur de mon échelle, la plus claire. J'utilise pour plus de précision, la pointe de ma mine.

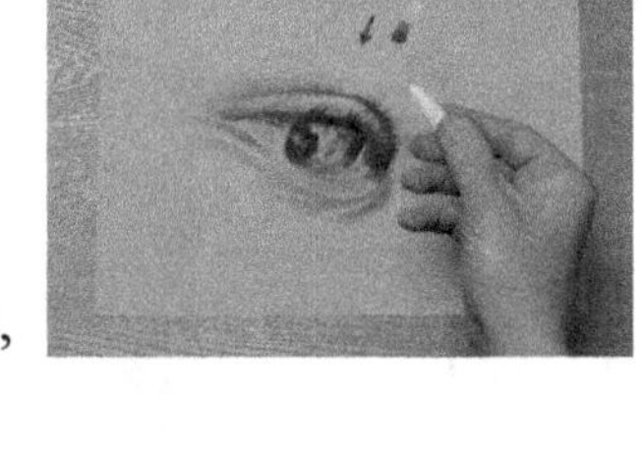

Je termine par quelques tracés avec le pastel Rembrandt sur les principales zones qui présentent un impact de lumière le plus vif. Elles sont importantes, toutefois, n'abusez pas de cet effet.

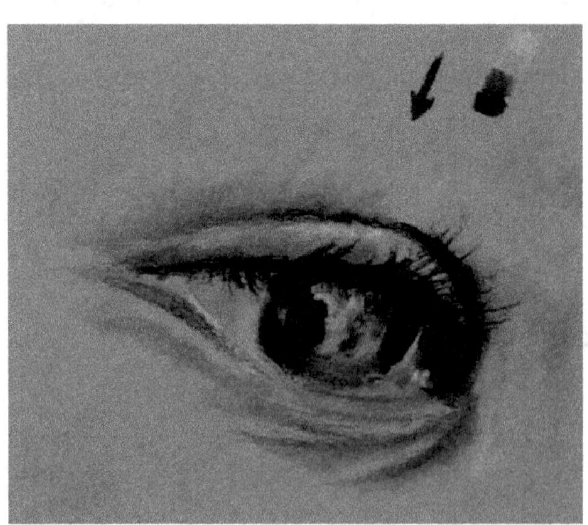

Voilà pour cette petite étude. Rien de vraiment bien compliqué. Essayez de votre côté de travailler avec méthode.

Cette suite logique d'actions vous permettra d'arriver au même résultat sans problème.

Une oreille

Je vous propose pour cette nouvelle étude de détail cette oreille de profil d'un jeune garçon.

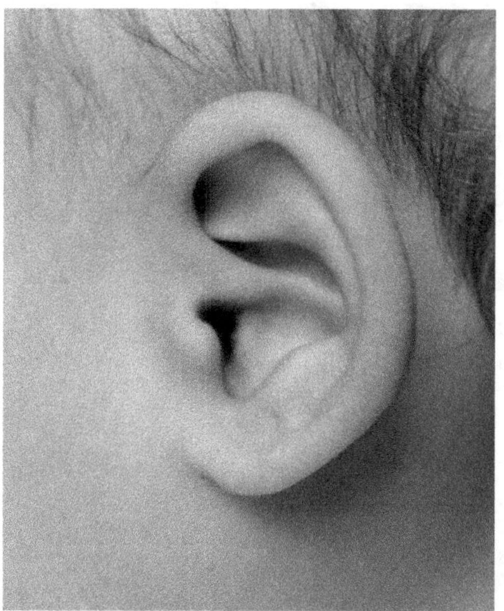

Analyse de notre modèle

Vous le savez maintenant, il faut avant toute chose prendre le temps nécessaire à l'analyse de votre modèle de référence.

La source de lumière, naturelle est plutôt omnidirectionnelle (elle arrive de toutes parts). Cependant, nous pouvons déceler une légère

ombre portée qui part du bas du lobule en remontant d'un tiers à
l'extérieur de l'oreille.

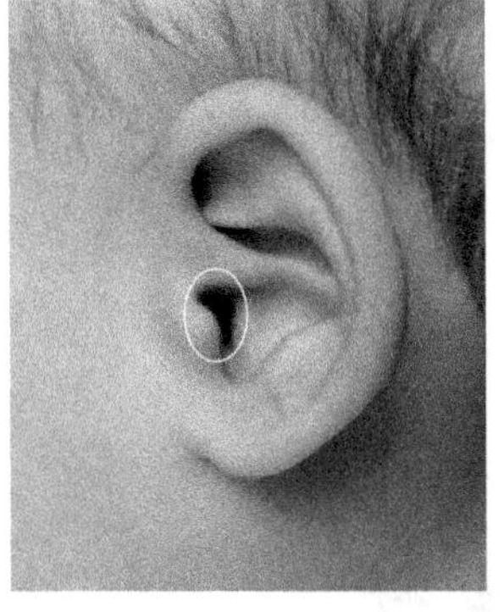

Nous retrouvons la zone de valeurs la plus
sombre au niveau de l'orifice du conduit
auditif . Le tragus qui se trouve vers l'avant de
cette zone contraste bien avec sa propre
valeur qui elle est claire.

Je trace l'esquisse initiale de l'oreille
avec une pression modérée sur ma
mignonnette. Je rectifie le cas échéant
avec ma gomme mie de pain. Cette
étape est « la fondation » de mon
étude. C'est sur elle que va reposer
toute la structure de mon travail
graphique.

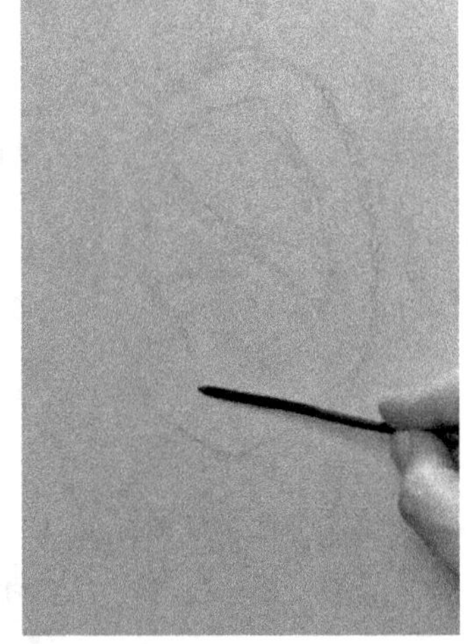

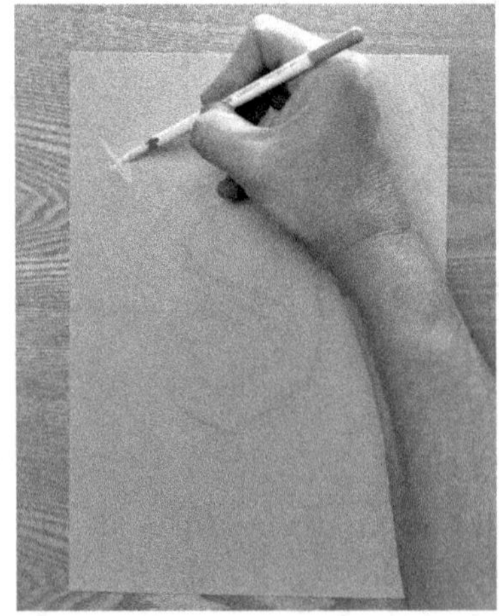

Avec mon pastel blanc, je matérialise la
direction de la source de lumière
principale. Même si dans ce cas
d'étude, elle n'est pas si directionnelle
que cela. Nous l'avons vu lors de
l'analyse rapide du modèle.

Lorsque je suis satisfait de mon esquisse, je commence le travail du tracé d'ombre. Dans cette étude, les proportions vont s'établir au fur et à mesure que les valeurs vont occuper leur espace respectif.

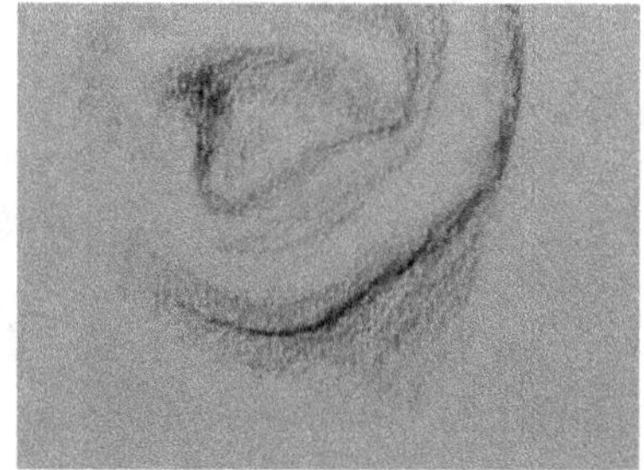

J'applique du fusain à l'arrière de l'oreille. Plus exactement dans la zone où l'ombre portée est présente.

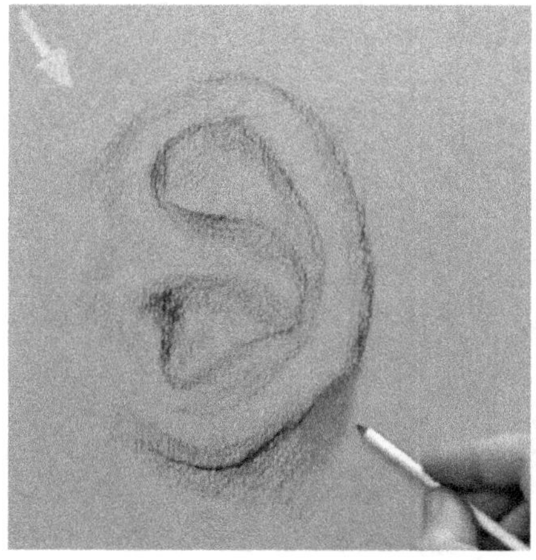

J'estompe aussitôt la zone. Comme cette ombre portée n'est pas fortement contrastée, je reste dans l'avant-dernière valeur de mon échelle.

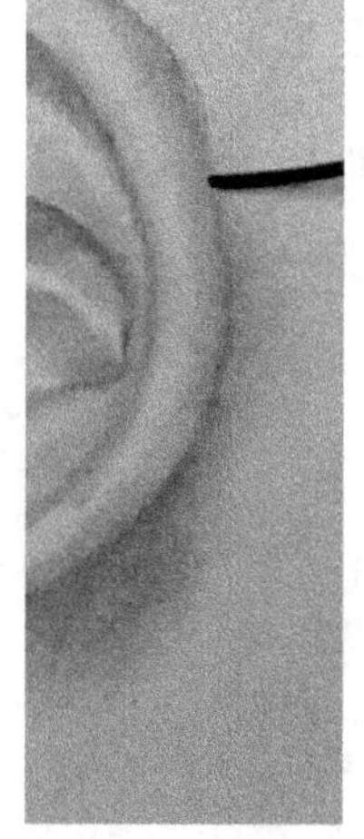

Je souligne le contour extérieur de l'oreille.

Avec la gomme mie de pain, je gomme et retrouve ainsi les zones qui doivent être réservées à la teinte du papier et qui font partie intégrante de mon échelle de 4 valeurs.

Avant d'appliquer mon blanc, je visualise les zones où la lumière vient frapper l'oreille. Je m'aide pour cela de mon crayon.

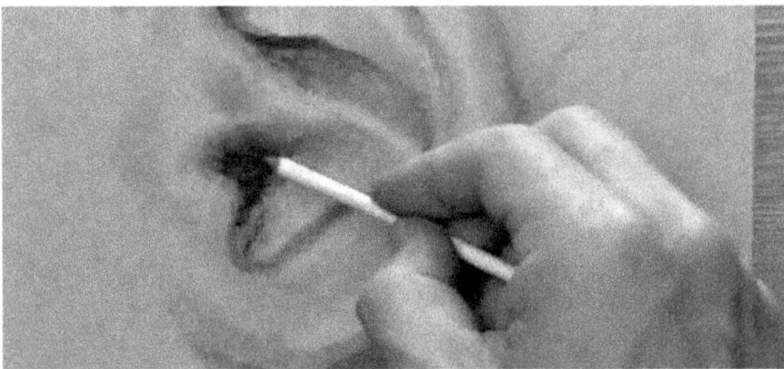

Je fonds la valeur la plus sombre se trouvant au niveau de l'orifice du conduit auditif externe.

Avec la gomme mie de pain, je contrôle, en enlevant du fusain à la forme de cette partie du pavillon de l'oreille.

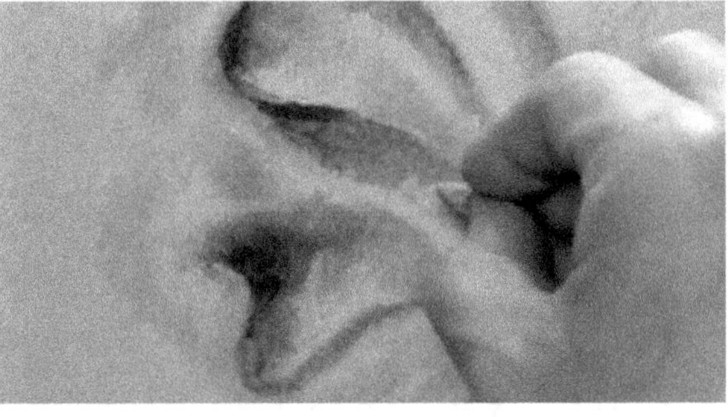

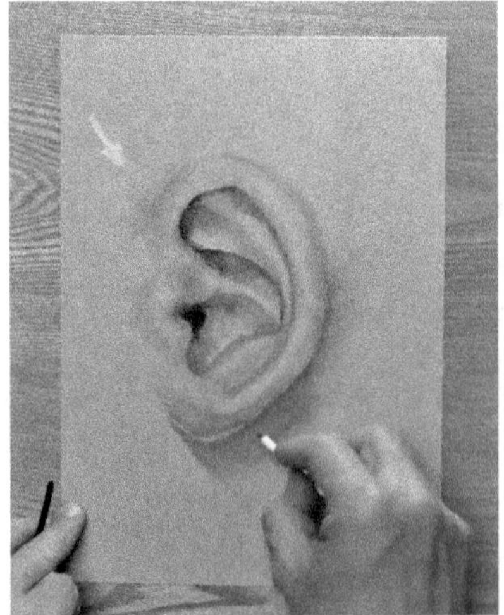

Je continue mon estompage « d'harmonisation ». Les différentes valeurs doivent visuellement s'intégrer les unes aux autres.

Notre modèle de référence, nous l'avons vu lors de son analyse, présente une lumière plutôt diffuse. Les ombres portées sont bien présentes, par contre elles sont beaucoup plus douces que d'ordinaire.

Il faut donc, rester dans l'avant-dernière valeur sombre de notre échelle (**V2**).

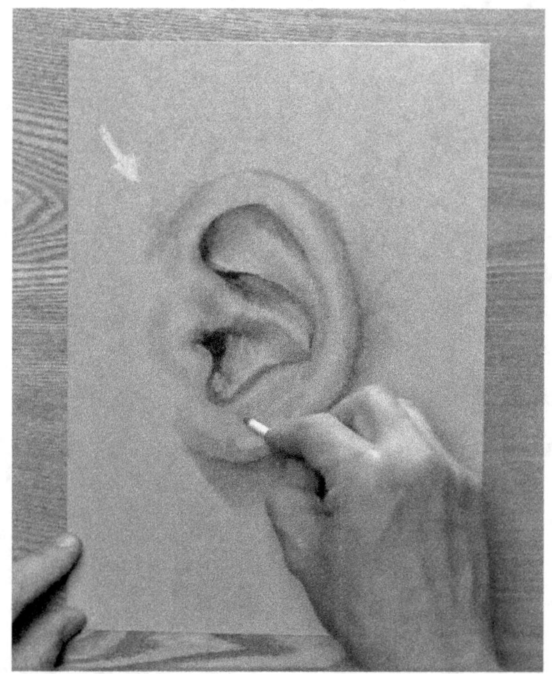

Je trace une zone en partie basse et droite. Comme pour l'étude de l'œil vu précédemment, cela permet « d'asseoir » l'oreille sur un plan concret, sans pour autant définir cet élément de soutien.

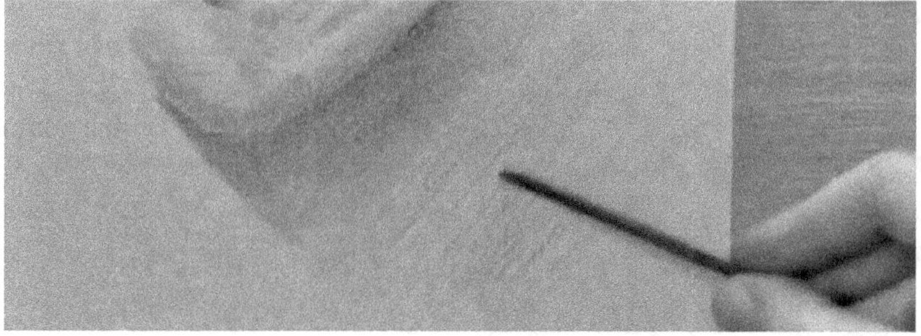

Afin de bien accentuer l'effet de profondeur du pavillon de cette oreille, je trace et fond à l'estompe du pastel blanc.

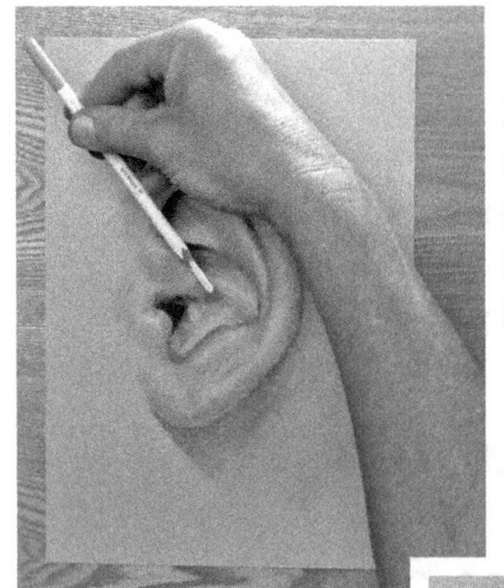

Il ne faut surtout pas hésiter à simuler avec votre crayon la direction de la source de lumière principale. Cela aide à bien visualiser où cette dernière vient impacter les volumes de l'oreille.

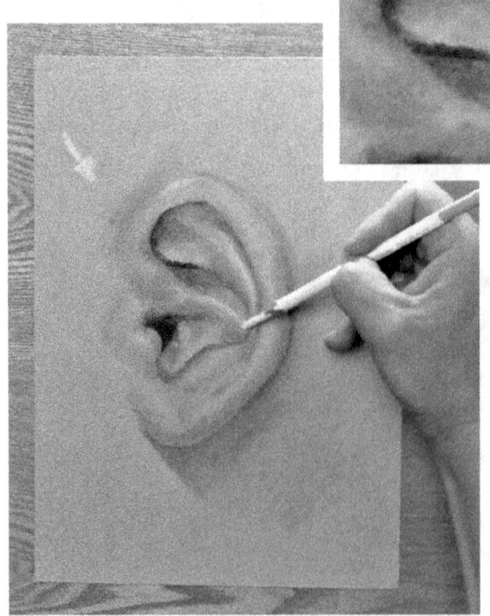

Pour un tracé demandant plus de précision, utilisez la pointe de votre mine. Veillez à maintenir cette mine bien pointue.

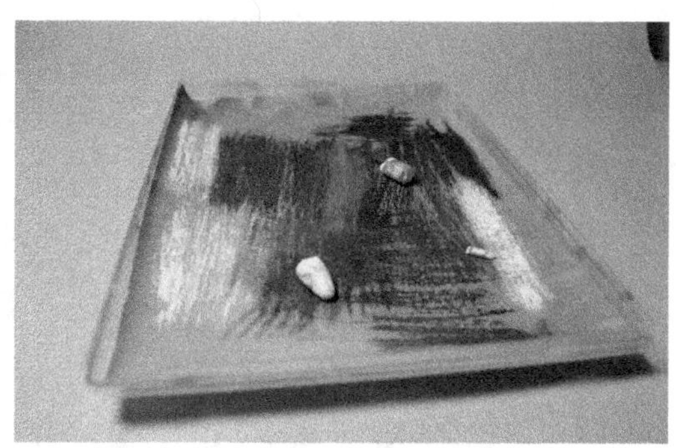

N'hésitez pas à la polir régulièrement avec votre toile émeri.

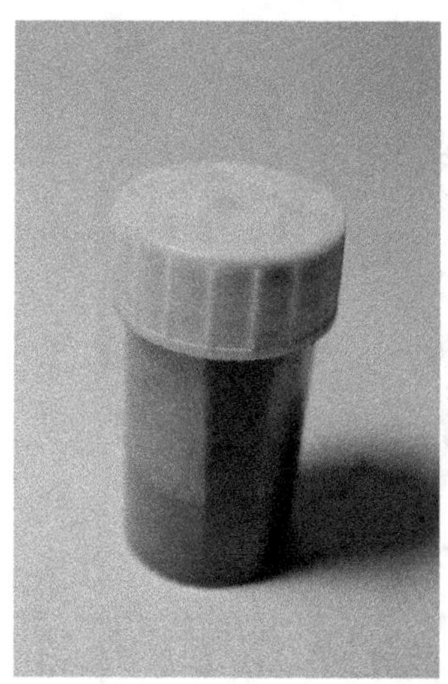

Astuce :

J'utilise un petit tube refermable (ce qui évite lors du transport de reprendre le pigment) avec un bout de toile émeri placé sur sa paroi intérieure. C'est pratique et fonctionnel.

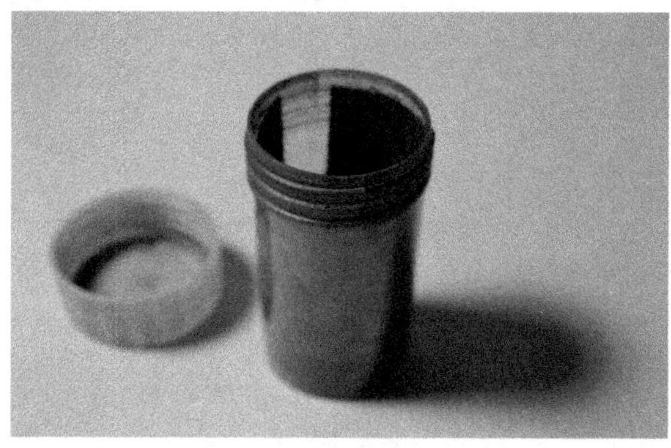

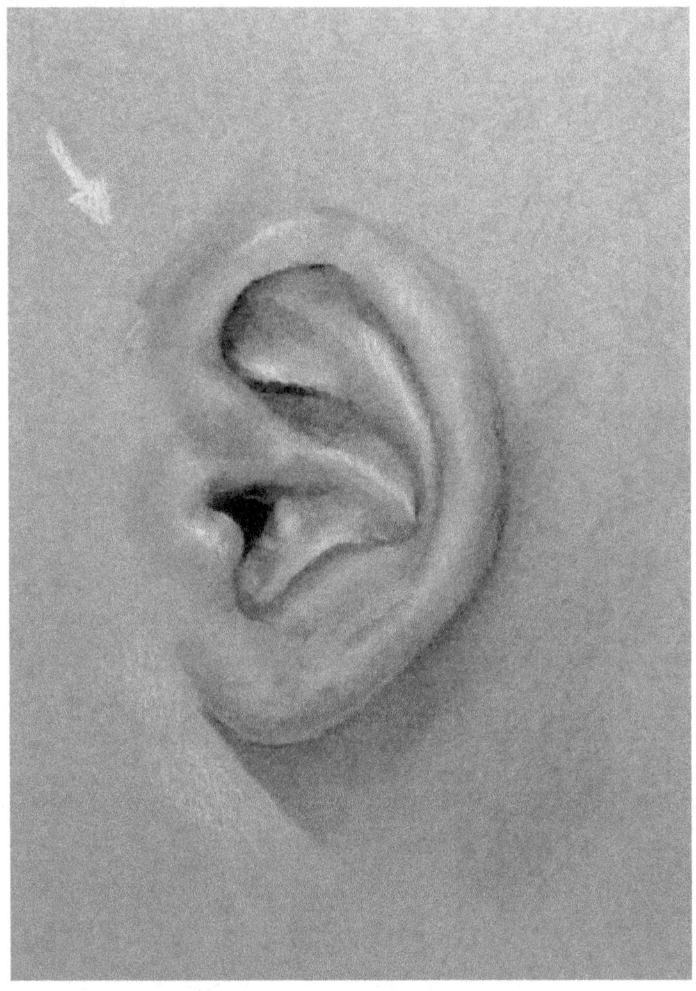

Le résultat final est visuellement bon pour une étude. Vous pouvez toujours « peaufiner » votre dessin. Vous seul(e) devrez arrêter au bon moment. Comme toujours, pensez à dater votre dessin et à l'archiver.

Les pas à pas

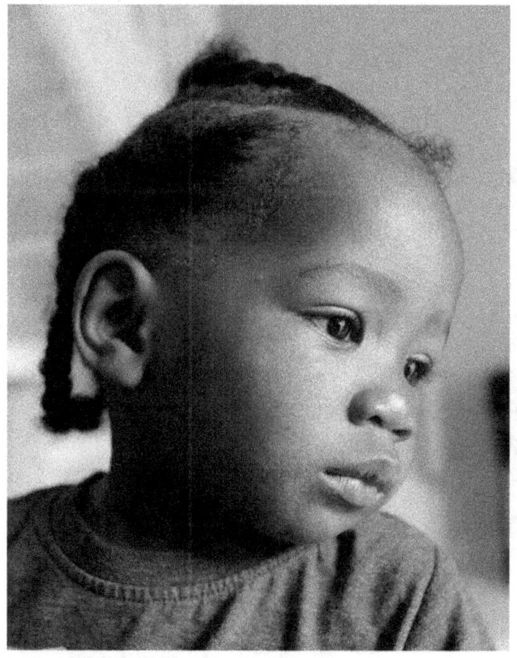

Portrait d'un jeune enfant.

Le portrait d'enfant fait généralement l'unanimité autour de nous. Il sera traité le plus subtilement possible, les tracés légers permettront de ne pas vieillir prématurément notre modèle.

La démarche que j'adopte ici peut être reproduite pour tous types de sujets, pas seulement le portrait humain. C'est à vous de vous l'approprier et de l'adapter, la mettre en pratique en fonction de votre thème de dessin du jour.

Je vous propose ce portrait d'un jeune garçon.

Analyse de mon image : La pose est de 3/4 droite, légèrement inclinée vers le bas. La source de lumière est naturelle et provient du haut et de la droite.

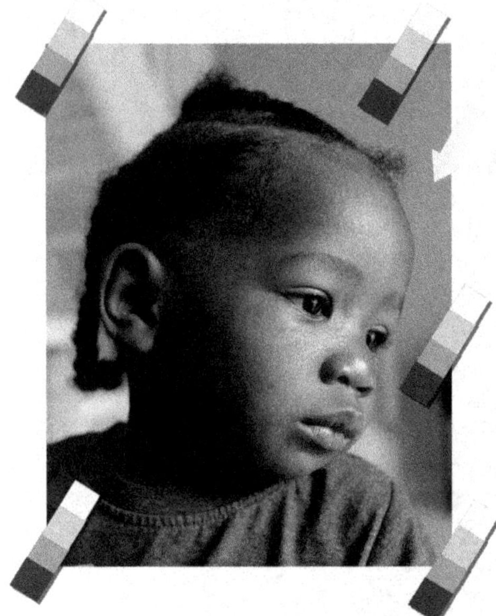

Cette lumière vient éclairer principalement le côté du front, le dessous de la paupière inférieure, le bout gauche du nez, la gauche de la lèvre inférieure ainsi que l'avant haut de son oreille droite.

J'indique ici l'échelle de 4 valeurs avec son orientation par rapport à la source de lumière principale.

La valeur la plus sombre est matérialisée ici par les zones blanches.

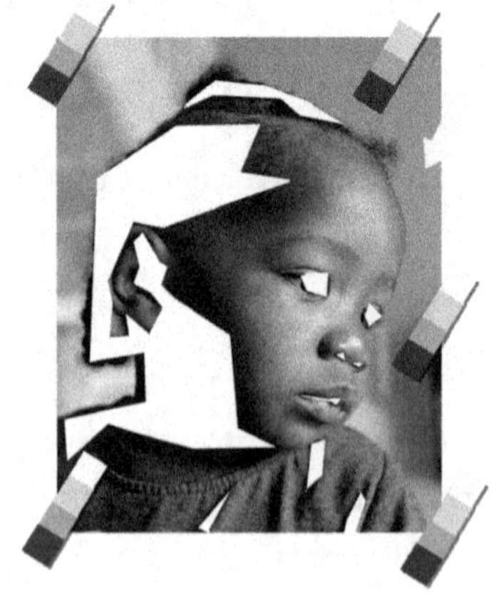

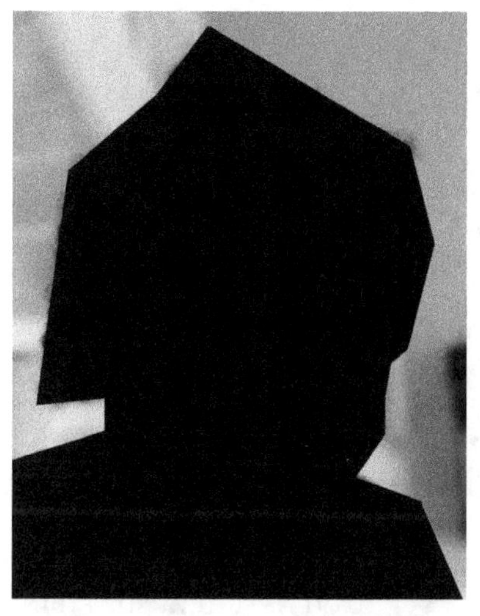

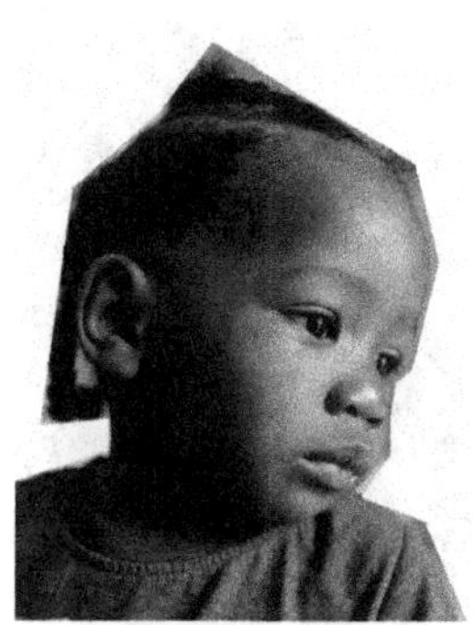

Il faut mentalement simplifier en formes simples les différents éléments constituant ce portrait.

En 14 angles de différentes longueurs le contour de la tête est fait.

Notez au passage, le fond, si vous décidez de l'intégrer dans votre étude, il présente l'avantage d'être flou et donc d'accentuer l'effet de profondeur.

Avec l'habitude, vous arriverez à synthétiser rapidement tous ces angles et à les reporter à l'échelle de votre choix sur votre feuille à dessin.

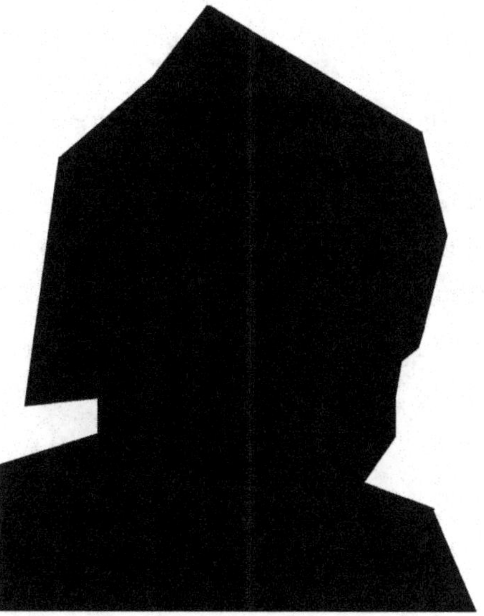

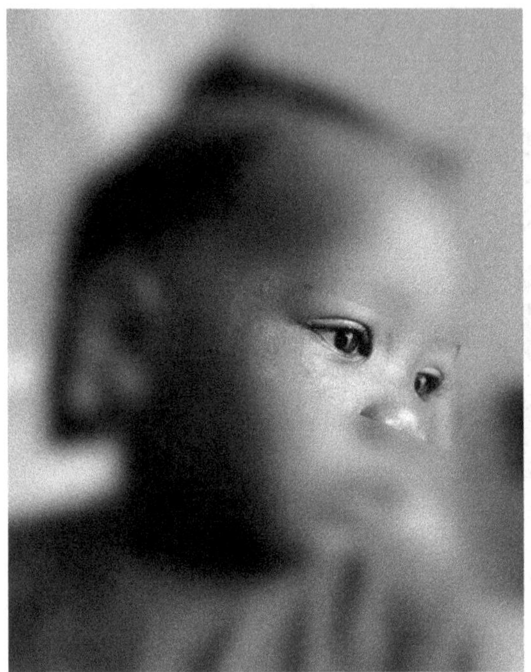

Naturellement, lorsque nous regardons une personne, c'est d'abord sur ses yeux que nous portons notre regard. Ici, le focus (la zone nette), se fera sur l'œil droit du modèle, c'est donc parfait.

L'oreille droite, à l'arrière-plan est légèrement floue, il est tout aussi intéressant de travailler cet élément individuellement. Le traitement du « flou » est aussi important que les zones nettes.

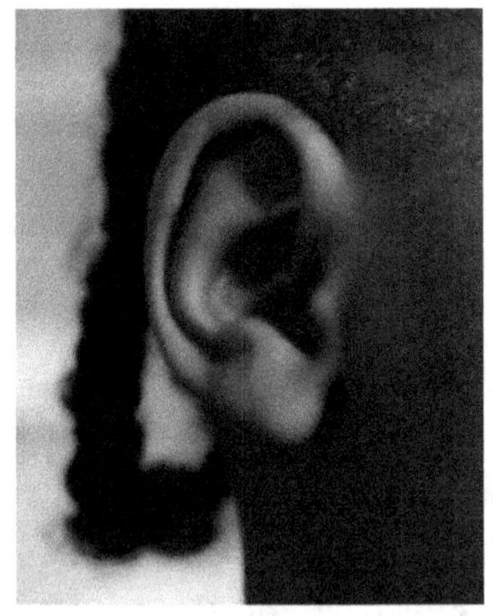

Le traitement de la bouche demande tout autant d'attention et peut faire l'objet d'une étude individuelle.

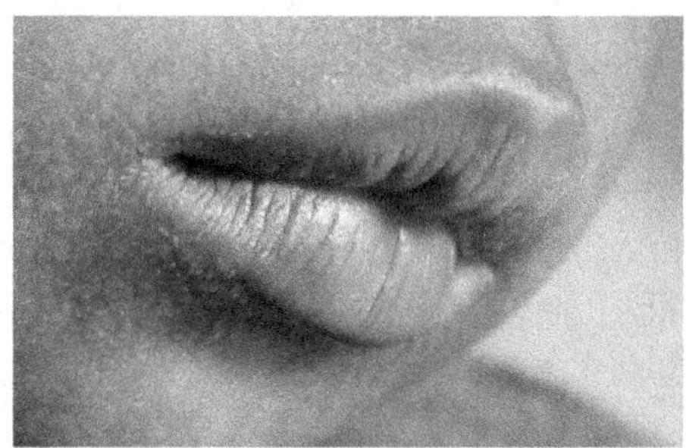

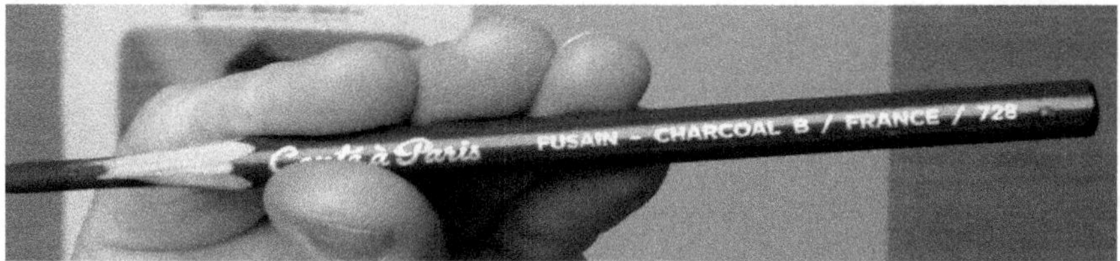

Pour faire mon esquisse initiale, je vais utiliser mon crayon fusain en gradation « B »

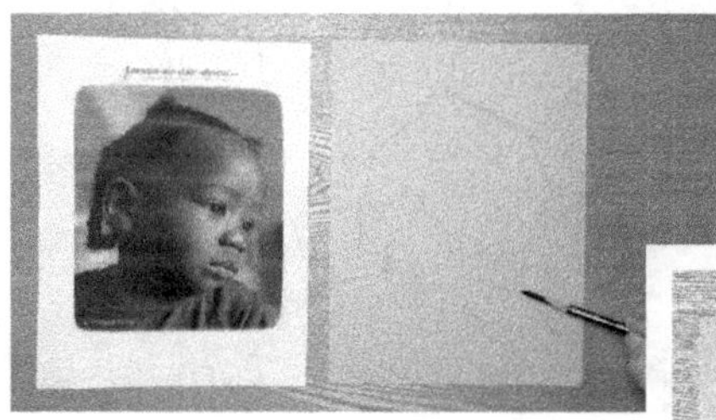

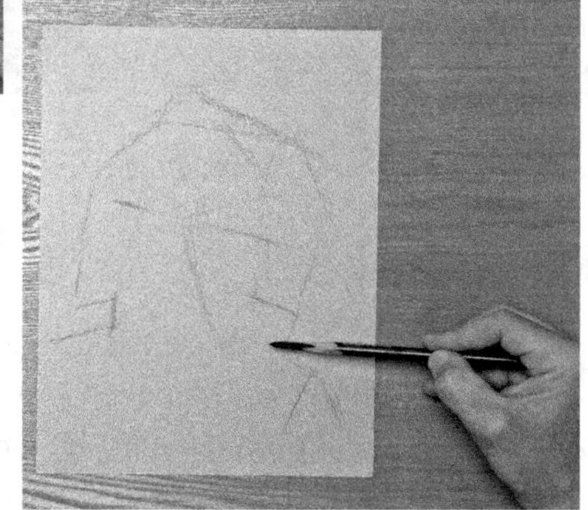

Je trace des segments de droite afin d'obtenir le contour général de la tête de l'enfant.

Comme toujours, prenez le temps, comparer les différents angles, leurs longueurs. A cela s'ajoute le bon placement général de cette esquisse sur votre feuille. Visualisez mentalement un puzzle dont les formes simples doivent parfaitement coïncider. Je sais, pas évident du tout au début, mais faites vous confiance. Votre cerveau prendra l'habitude de cette gymnastique cérébrale et y prendra même du plaisir.

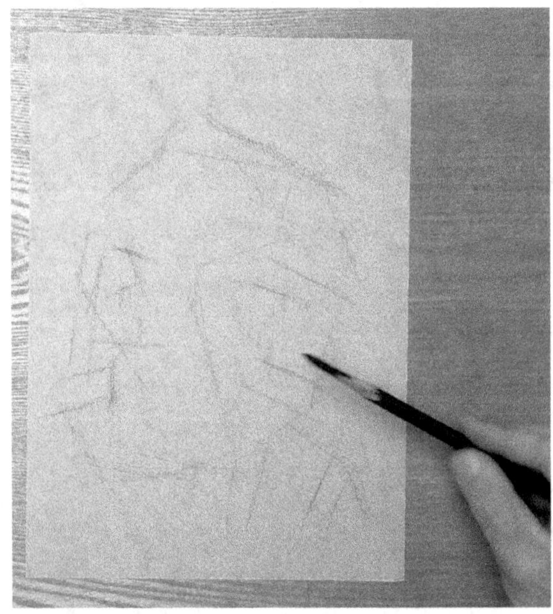

Une fois satisfait de mon contour extérieur. Je m'attaque au placement des éléments principaux du visage.

Je compare comme toujours chaque élément les uns aux autres, comme je l'ai déja fait dans les études de détails. La ligne des sourcils par exemple est dans le prolongement de la partie haute du pavillon de l'oreille.

Essayez tout en traçant de ne pas penser à l'élément réel du visage qui va prendre place sur votre feuille. Comme vous avez synthétisé en formes simples d'autres éléments d'études, faites la même chose ici. Vous devez vous dire, ici c'est un triangle, ou n'importe quel objet de votre choix (en réalité c'est bien le contour du nez). Ici c'est un œuf cassé sur le haut (en réalité c'est le contour de l'oreille).

En raisonnant ainsi, votre cerveau sera moins cartésien et sollicitera moins son hémisphère gauche. Il laissera s'exprimer l'hémisphère droit plus à l'aise dans le créatif :-)

Je continue avec le placement des différents éléments du visage.

Je précise la forme des yeux.

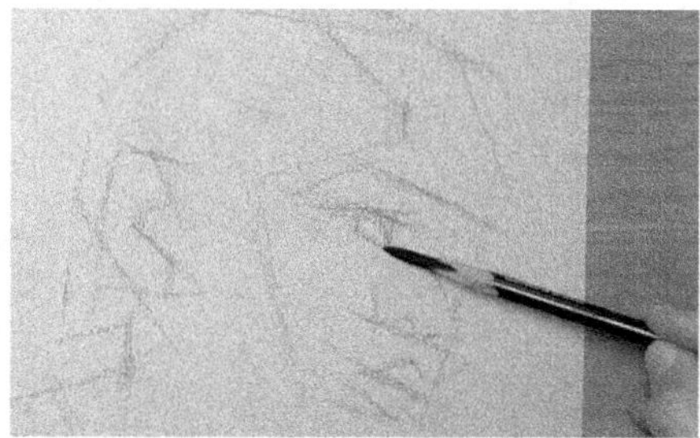

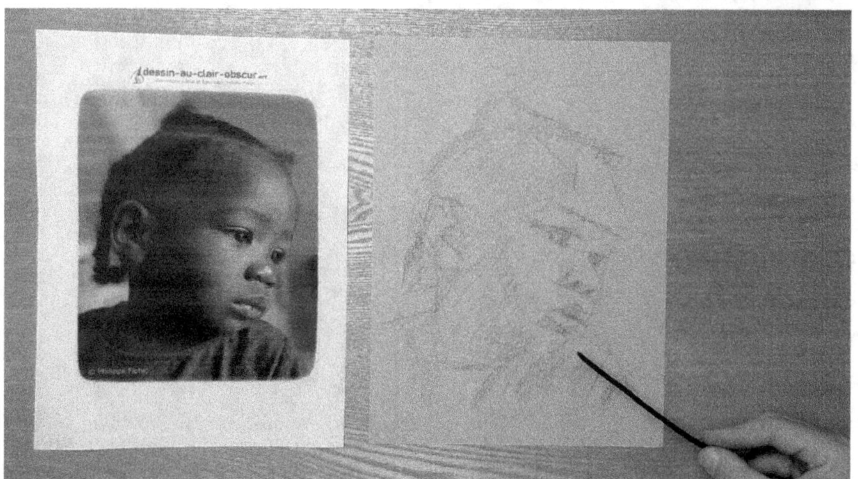

Avec ma mignonnette, je commence mon tracé d'ombres. Aussi bien sur la partie latérale du visage qui englobe les cheveux, la tempe, la joue, le cou , la bouche, le nez et les yeux que sur le vêtement de l'enfant.

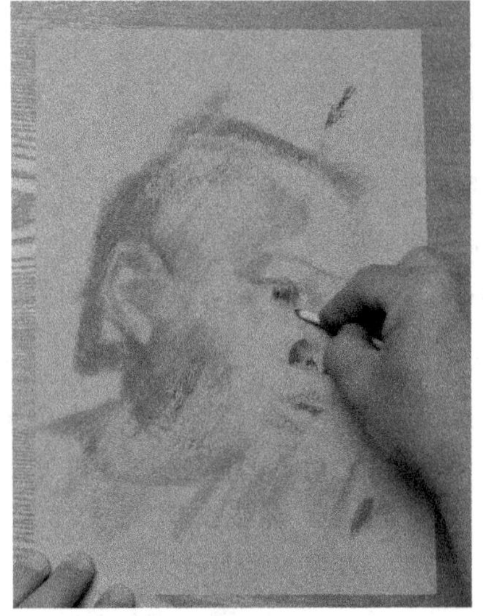

Vous pouvez constater, à ce stade qu' une ressemblance se dégage. L'esquisse nous a permis de bien asseoir la pose et le travail de comparaison, de proportion a fini d'achever ce processus de « ressemblance primaire ».

Commence maintenant le travail d'estompage. Je fonds en une seule valeur (l'avant-dernière valeur sombre) tous mes tracés d'ombres.

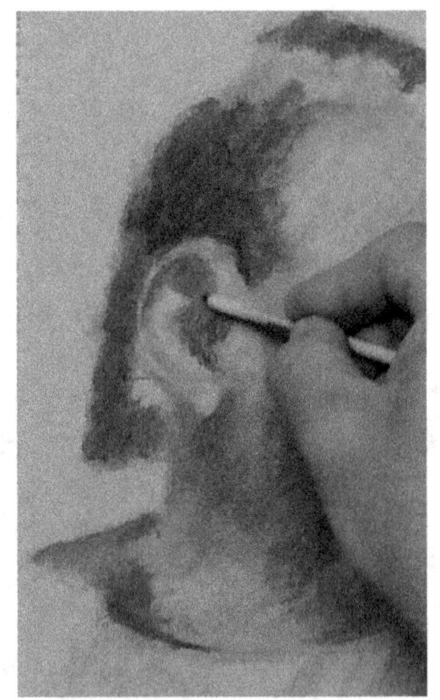

Je vais contrôler mes différents bords. La chevelure possède sa propre valeur locale. J' applique donc du fusain pour arriver à ma tonalité la plus foncée. Tout comme les zones à l'intérieur de l'oreille.

Avec la gomme, je supprime le pigment de fusain aux endroits où il n'est pas à sa place. Je réserve bien les zones de valeurs claires sur ma feuille : Celles qui seront occupées par la teinte de mon papier (1er valeur des valeurs claires de mon échelle, la **V3**) ou le rehaut de lumière (le blanc du crayon pastel, pour la valeur la plus intense).

J'accentue les contrastes sur les plis du textile. Je ne reste pas focalisé sur un seul élément de mon étude. Il est important de « butiner » sur différents éléments de mon étude et de « monter », équilibrer, harmoniser l'ensemble simultanément.

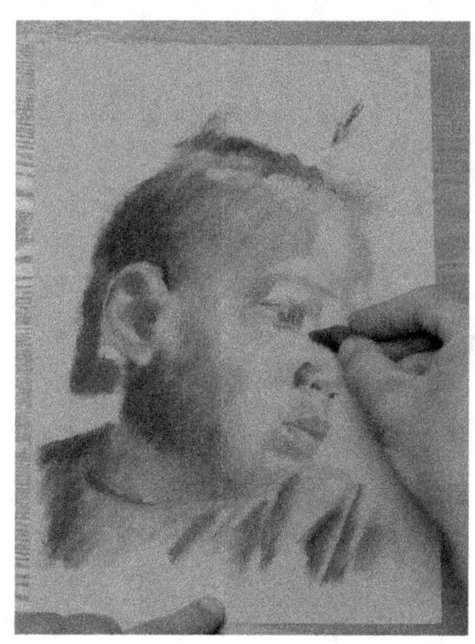

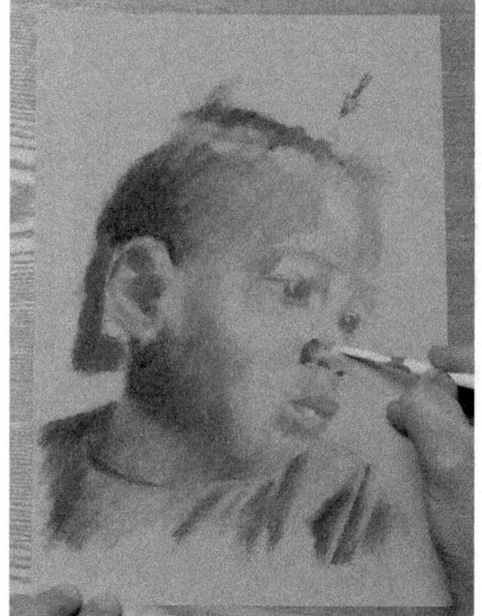

Je commence la mise en place de mes rehauts de lumières sur les zones adéquates.

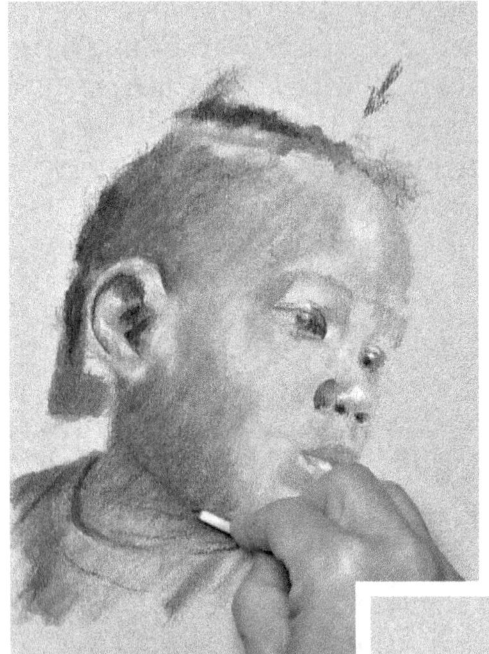

Je précise la zone située au-dessous de la mâchoire en montant sa valeur.

Comme toujours, je peaufine par un travail minutieux à l'estompe les différentes valeurs qui se juxtaposent.

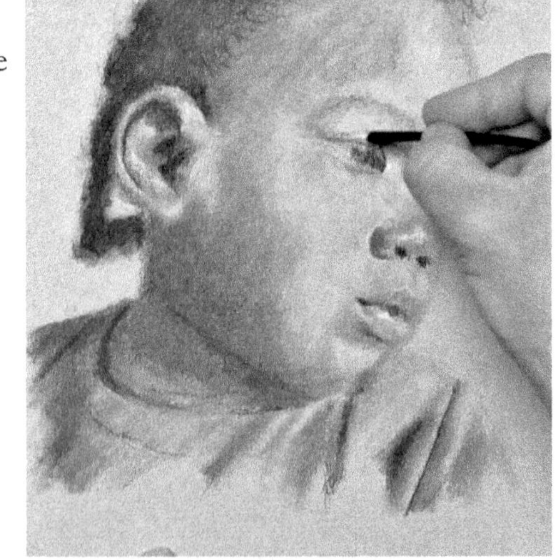

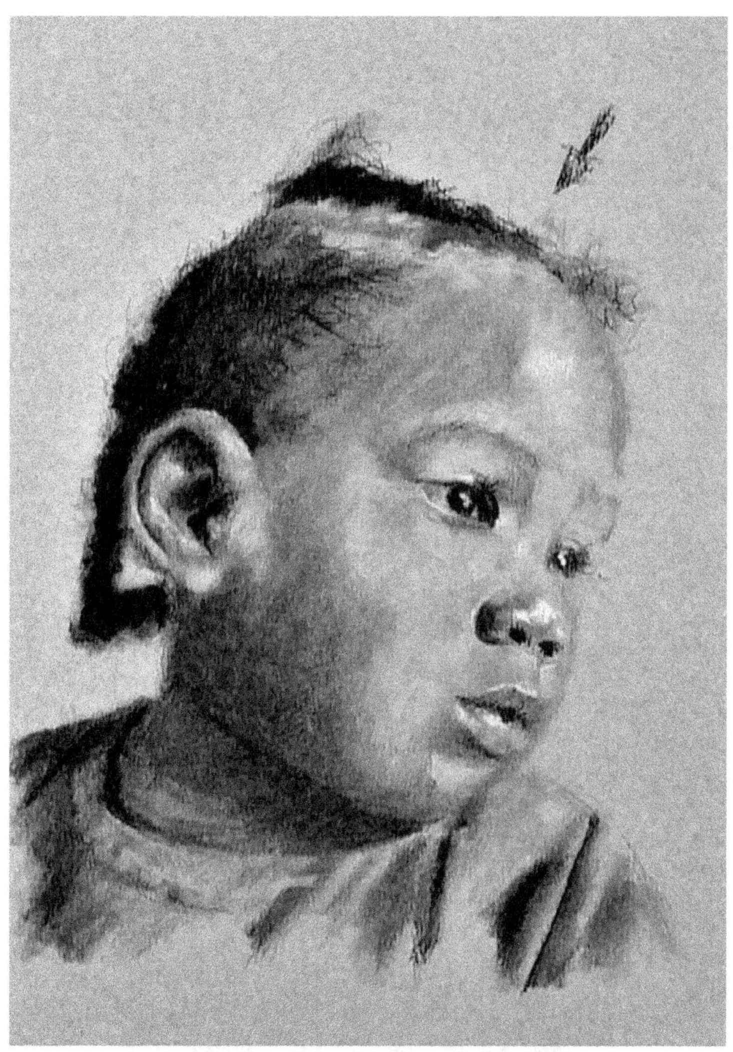

Nous en avons fini avec cette étude de portrait. Cela reste une étude, il faudrait passer plus de temps pour peaufiner chaque élément de ce visage d'enfant. Ce type d'étude est réalisable en 20 minutes avec l'habitude, si vous mettez plus du double pour la réaliser, c'est tout à fait normal.

Une étude d'une fleur de cerisier sur sa branche.

Le paysage est un thème plus « passe partout », il offre plus d'interprétations dans notre exécution, contrairement à un portrait par exemple qui demandera une ressemblance plus pointue.

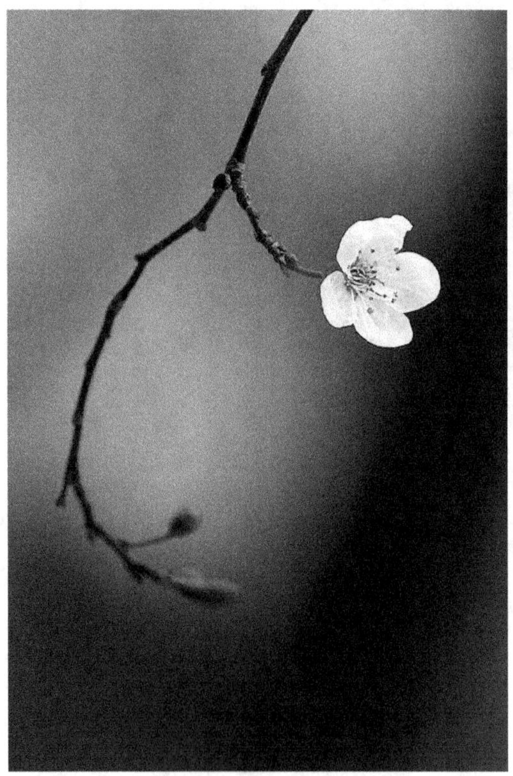

Pour cette étude végétale, nous allons utiliser comme image de référence cette fleur de cerisier sur sa branchette.

Analyse de mon image : Au premier plan, la fleur est éclairée par une lumière venant de sa droite. La couleur blanche de ses pétales capte, à ses extrémités, cette source de lumière. L'arrière des pétales laisse apparaître, par transparence, l'arrière-plan plus sombre. Les étamines se détachent bien vers l'avant. La branchette qui soutient la fleur présente une accroche de lumière sur sa partie supérieure, tandis que l'arrière nous présente son ombre propre.

La branche qui arrive du haut, est constituée d'une dizaine de sections séparées par des nœuds de bois. Cette branche arrive obliquement sur le tiers supérieur de la photo. Sa base en courbe porte deux bourgeons. Cette zone est floue et nous offre une mise en perspective intéressante par rapport à la fleur bien nette. Le « focus » se fera ainsi sans peine sur cette future cerise. L'arrière-plan est baigné d'une lumière diffuse sur les 3/4 de sa surface. Le dernier quart dans l'angle bas et droit est sombre. Il offre ainsi à la fleur un bel écrin pour la mettre en valeur.

Pensez, dans la mesure du possible à réserver sur votre feuille de dessin, des marges. Pour cela, vous pouvez réduire et centrer le contour de votre sujet. Plus simplement, tracez à main levée ou à la règle ces marges, d'un tracé léger au fusain (ces traits seront effacés à la fin de votre étude). Ces bordures aident à diriger le regard du spectateur vers votre étude, l'embellir. Cela permet de réserver une zone vierge où viendra se placer un passe-partout dans l'éventualité d'une mise sous cadre de votre dessin.

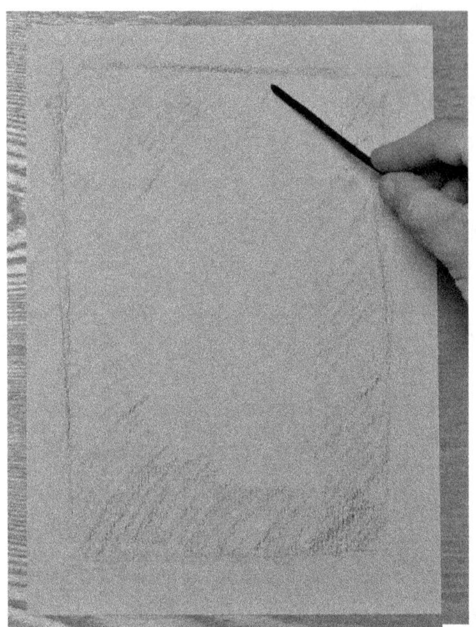

Je commence par faire un cadre qui va contenir tous les éléments. Je trace de manière oblique avec mon fusain le fond de cette étude. Je veille à exercer une pression modérée sur ma mignonnette. Si mon tracé reste léger, il me sera plus facile de l'estomper.

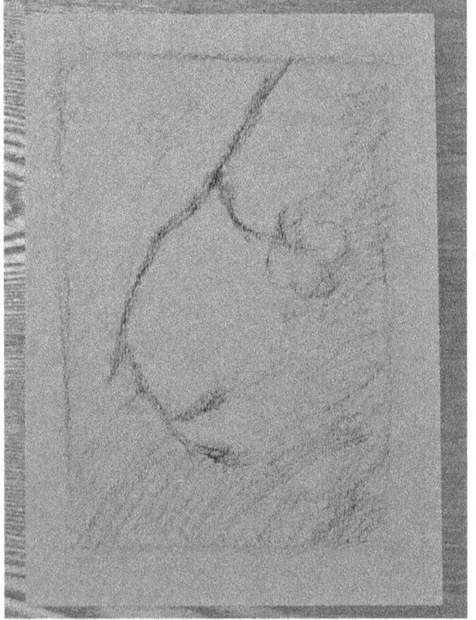

Je dispose les principaux éléments qui constituent cette scène végétale. Je tiens compte de toutes les observations que j'ai pu relever lors de l'analyse de mon image de référence. La forme générale englobant la fleur est en place. Je travaillerai sa structure intérieure un peu plus tard. Pour l'instant, seul le placement des différents plans compte.

Lorsque je suis satisfait de mon esquisse initiale, je peux passer à une autre phase de mon étude.

À l'aide d'une estompe numéro 1, je commence à fondre dans une valeur unique les bourgeons se situant au bas de mon étude.

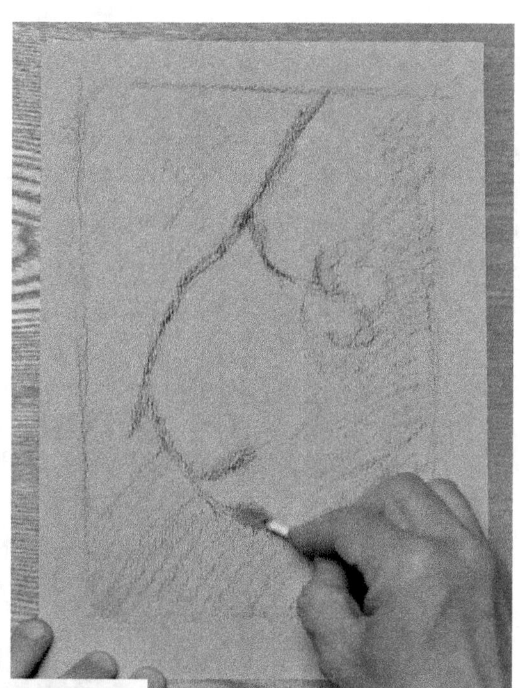

Avant de poursuivre mon travail d'estompage et pour varier les plaisirs, j'ajoute du pigment sur la partie basse et droite de ma feuille. Cette zone présente la valeur la plus sombre de mon étude. On retrouve cette valeur au niveau de la branche.

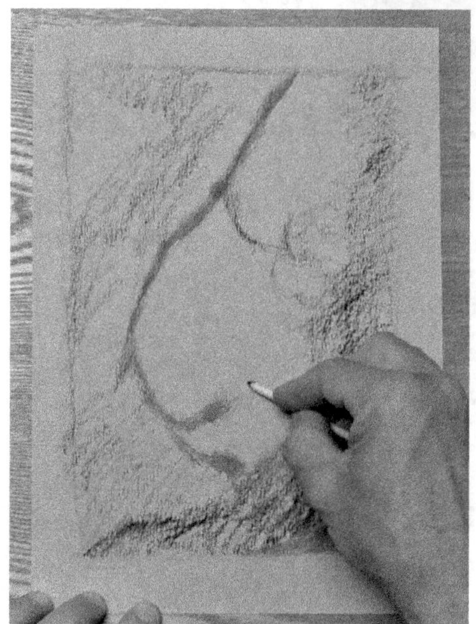

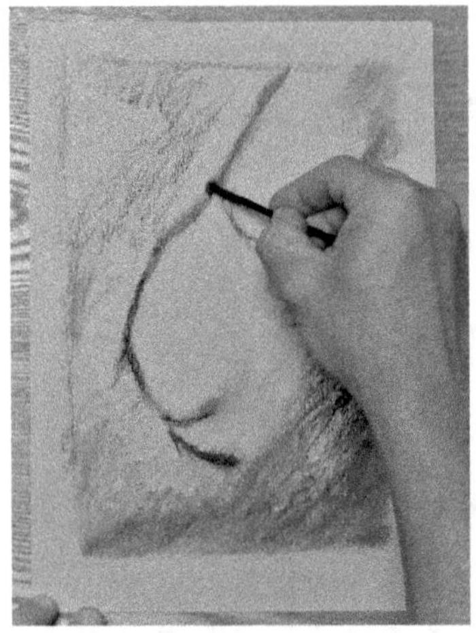

Je reprends ensuite mon outil d'estompage, cette fois-ci, je m'attaque à la branche du cerisier.

Je m'assure que mon mouvement est elliptique et que mon outil est en rotation entre mes doigts (pour rappel, reportez-vous au paragraphe concernant la bonne utilisation du matériel de dessin, page 45) .

Je commence à travailler certains éléments ici un nœud de la branche. Pour cela, je travaille avec la pointe de mon fusain. A ce stade, je n'apporte pas de précision à ce tracé particulier, juste un travail sur la forme générale. Plus tard et si nécessaire j'y reviendrai pour y peaufiner les différentes valeurs présentes localement.

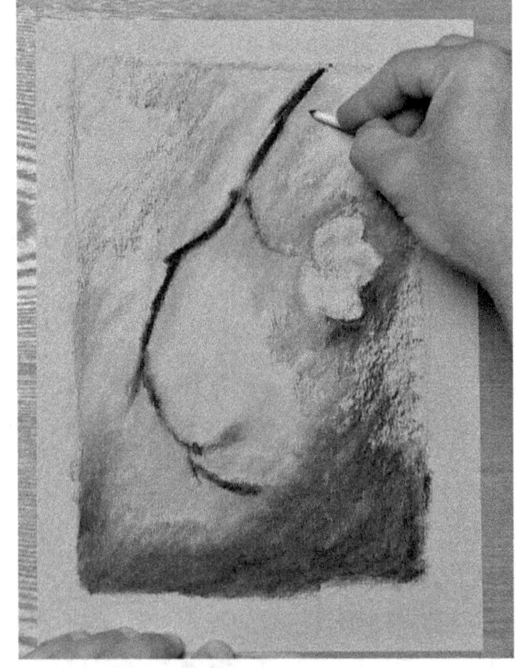

Je préserve la zone où va se trouver la fleur. Tout autour, je trace le fond que j'estompe aussitôt.

Il faut être patient et bien fondre le fond tout autour de chaque
élément du premier plan.
Imaginez ce fond comme
l'« écrin » d'un élément
que vous souhaitez
magnifier.

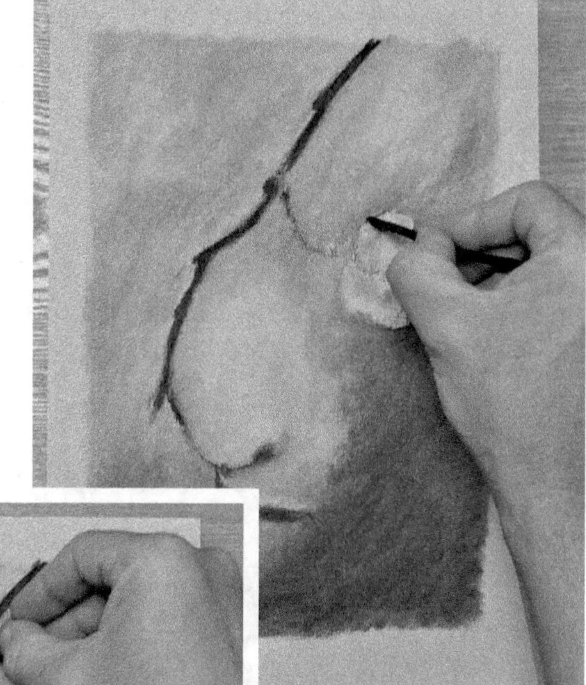

Je précise les courbes
extérieures de la fleur.

À l'aide de ma gomme
mie de pain, « j'ouvre »

les blancs de part et
d'autre de la branche.
Cela apporte un filet de
lumière de part et d'autre
du branchage.

Avec le pastel blanc, je
donne le rehaut de

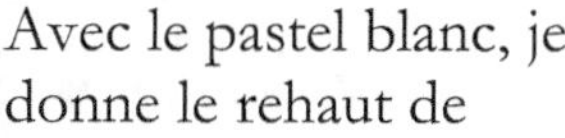

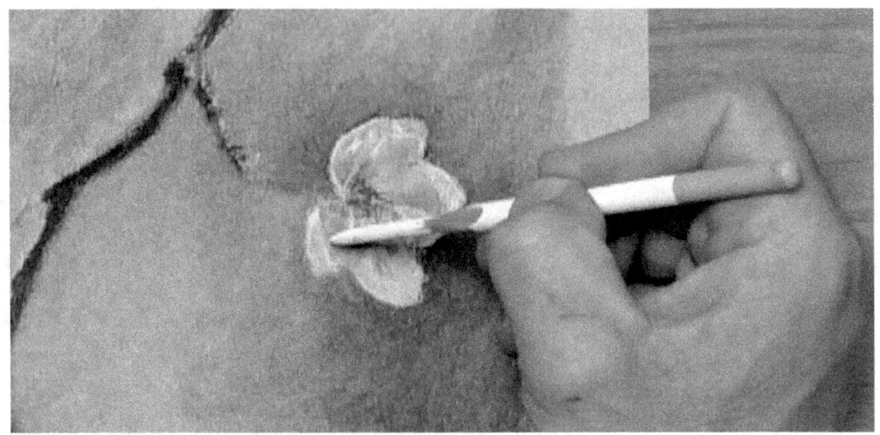

lumière (la valeur la plus claire de notre échelle, la **V4**) aux éléments des pétales.

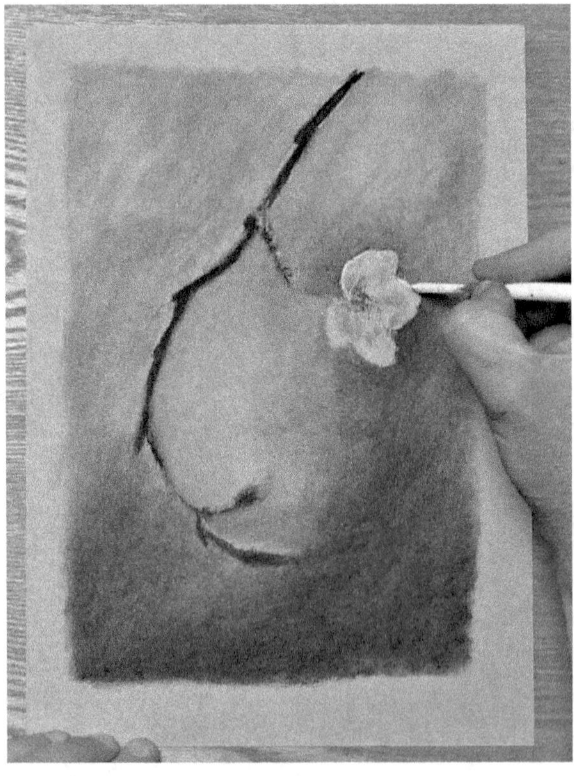

Pour plus de précision, je travaille avec la pointe du crayon.

Quelques touches précises et nettes de fusain pour représenter sommairement les étamines de la fleur.

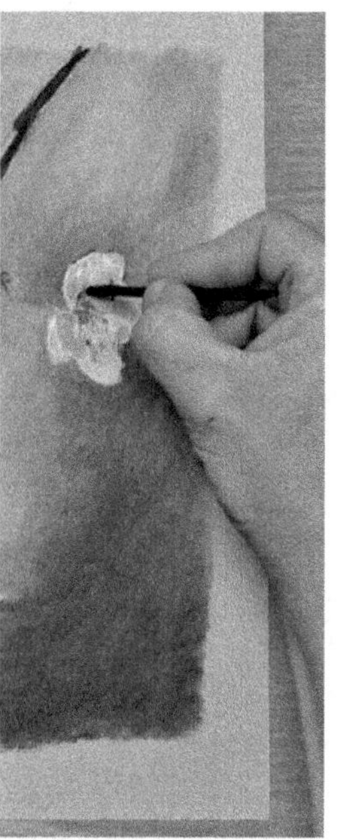

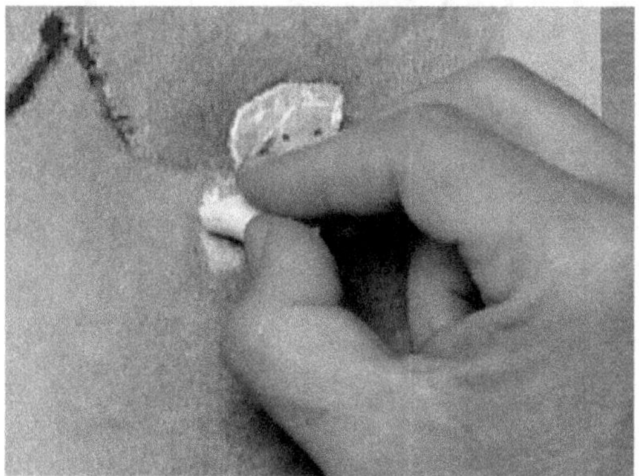

Ce n'est pas indispensable, de petites touches de pastel tendre Rembrandt pour le rehaut de lumière le plus vifsont déposées sur certaines parties des pétales.

Ce genre de travail graphique demande moins de précision que l'exécution d'un portrait humain réaliste, par exemple. Pour cette raison, n'hésitez pas à y apporter votre touche personnelle, même si vous débutez, cela stimulera votre créativité naissante.

Gardez à l'esprit que ce ne sont que des études. Ces travaux graphiques sont exécutés pour nous améliorer dans notre technique au quotidien. Faire des erreurs nous fait avancer ici, comme partout ailleurs.

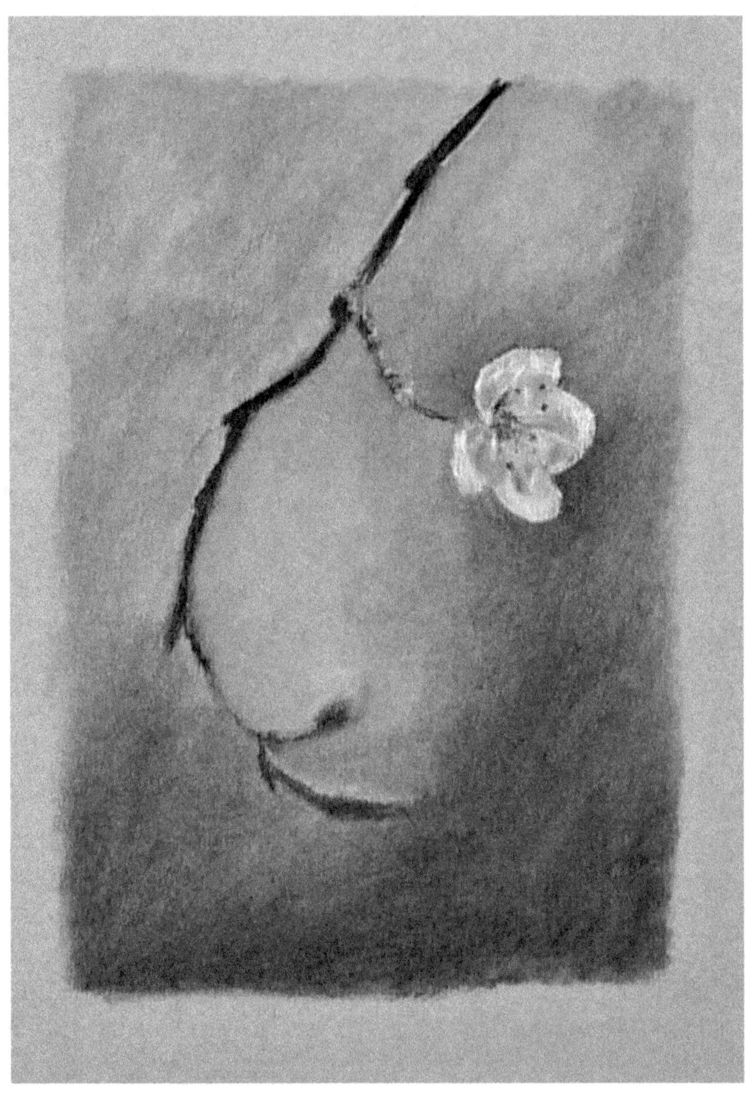

Nous voilà arrivés à la fin de cette petite étude végétale. Le traitement au fusain sur papier gris apporte à cette scène une atmosphère particulière. Certains adoreront son traitement, d'autres seront moins réceptifs. Qu'importe, du moment que cela provoque chez le spectateur une émotion.

Etude de l'homme en canoë

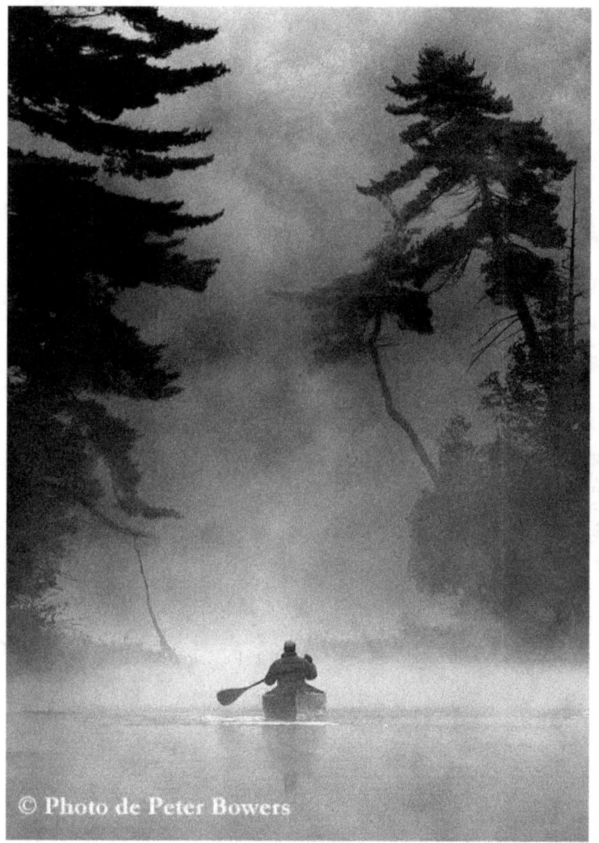

Pour aborder la thématique du paysage, nous allons nous servir de cette magnifique photographie de © **Peter Bowers**.

Analyse de l'image :
Le premier plan est occupé par la masse de l'eau. Le reflet de l'embarcation au centre avec l'homme s'y reflète. La rame qui vient d'agiter l'eau apporte avec cette ondulation une brillance de lumière qui rejoint en surface l'arrière du canoë. La partie gauche du canoë est dans une ombre propre, sa partie droite bénéficie du reflet de l'eau sur ce côté.

La rame se trouve dans l'axe coude gauche et épaule/main droite du rameur et apparaît beaucoup plus claire.

Au second plan, la ligne des arbres est dans la valeur la plus sombre. Les détails de certaines branches sont bien nets.

Pour finir, l'arrière-plan est occupé lui aussi par une épaisse brume présentant différentes tonalités

Simplification en forme simple de la scène :
L' homme et le canoë, si on y inclut leur reflet, tiennent aisément dans une forme de losange. Nous pouvons par deux tracés obliques séparer les éléments boisés du couloir central où évolue la brume.

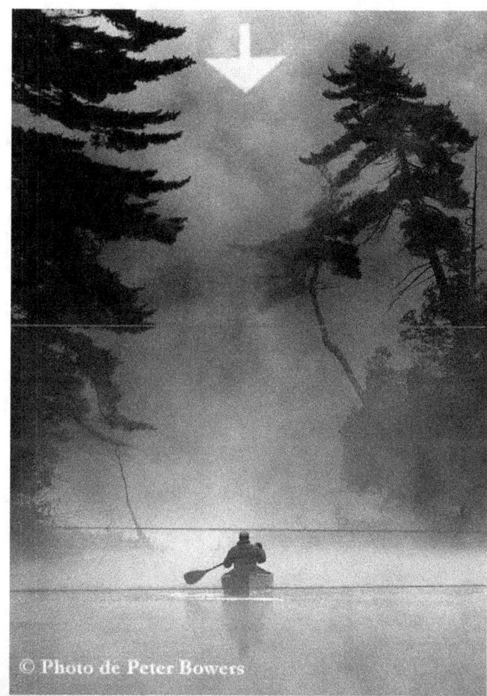

La source de lumière arrive principalement du haut et de l'arrière-plan. La valeur sombre des arbres et de l'homme sur son canoë nous conforte dans cette affirmation.

© Photo de Peter Bowers

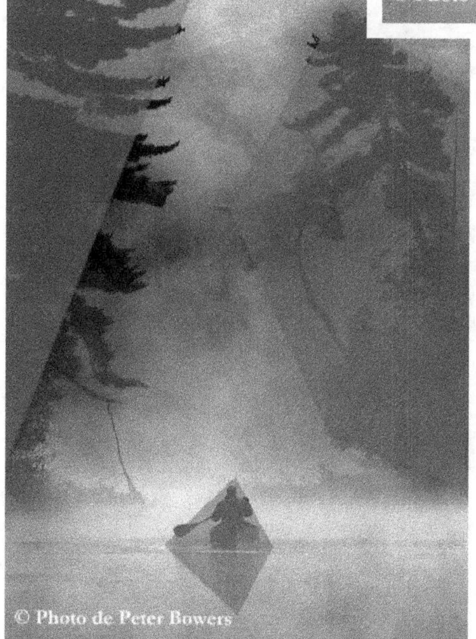

© Photo de Peter Bowers

Les deux grandes masses d'arbres peuvent être simplifiées en formes simples. Tout comme l'homme et son embarcation, un losange dans ce dernier cas.

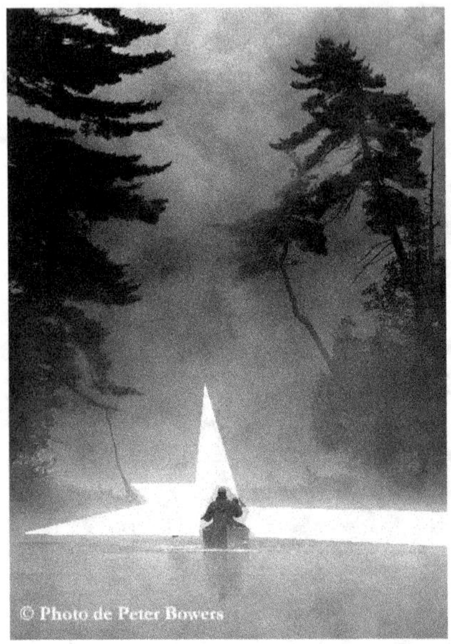

De la même façon, la valeur la plus claire de cette scène est contenue dans une forme qui rappelle une étoile.

N'oubliez pas de réserver des marges sur le bord de votre feuille.

L'esquisse initiale reprend les formes imaginées mentalement lors de l'analyse de notre modèle visuel.

Une fois mon esquisse en place, je travaille les proportions comme je l'ai fait sur les études précédentes.

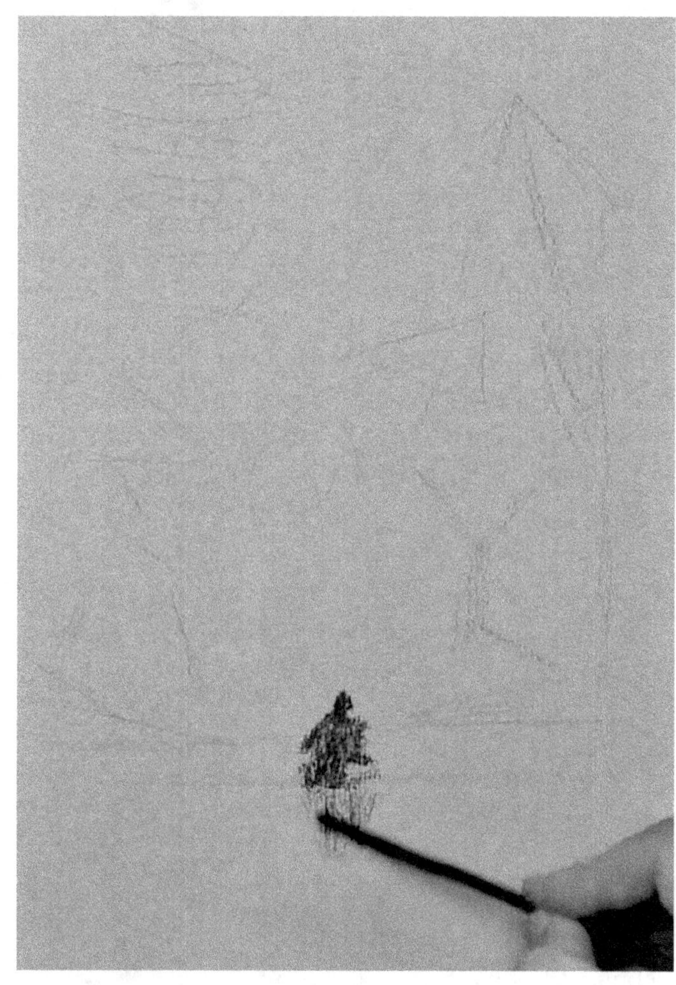

Je compare telle forme à telle autre. Je rectifie un tracé trop long, trop court. Une courbe trop petite, trop longue par rapport à sa voisine.

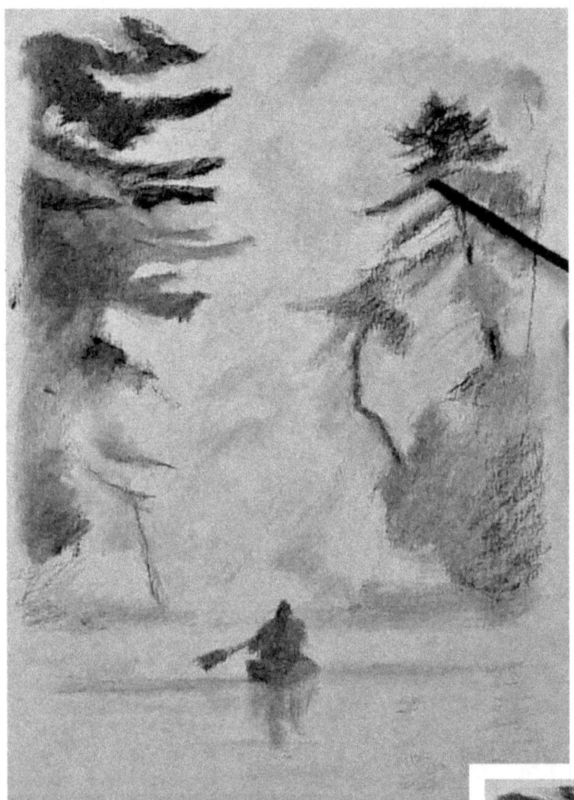

Je préserve les zones négatives. Cela peut correspondre par exemple à l'avant-dernière valeur sombre (la teinte du papier) qui doit rester exempte de tout pigment, aussi bien de fusain que de pastel blanc.

À ce moment, votre cerveau doit être en ébullition et c'est normal. Il doit gérer tout un tas de paramètres.

Le tracé des ombres.

Je poursuis en donnant à la zone arborée un rendu global uniforme. Pour cela, j'applique du fusain sur toute la surface des arbres et les fonds aussitôt avec mon estompe numéro 1. Le rendu final doit correspondre à l'avant-dernière valeur sombre de mon échelle.

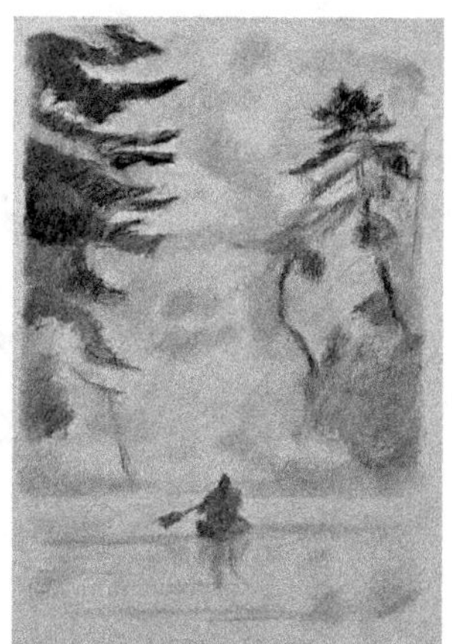

Le contrôle des bords.

Avec un mouvement elliptique, plus ou moins ample en fonction de la zone où je me trouve, je trace avec la tonalité la plus foncée les contre-jours omniprésents sur cette étude. On retrouve cette valeur notamment dans les arbres, la silhouette de l'homme, le côté gauche du canoë.

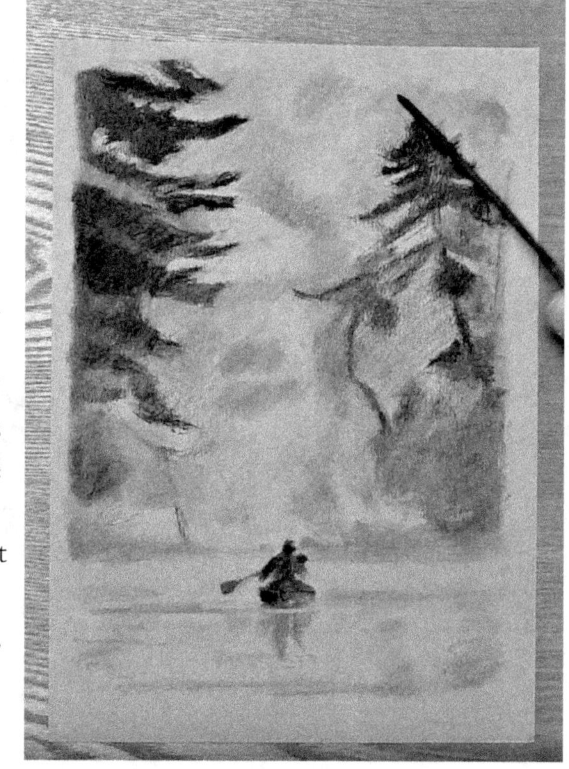

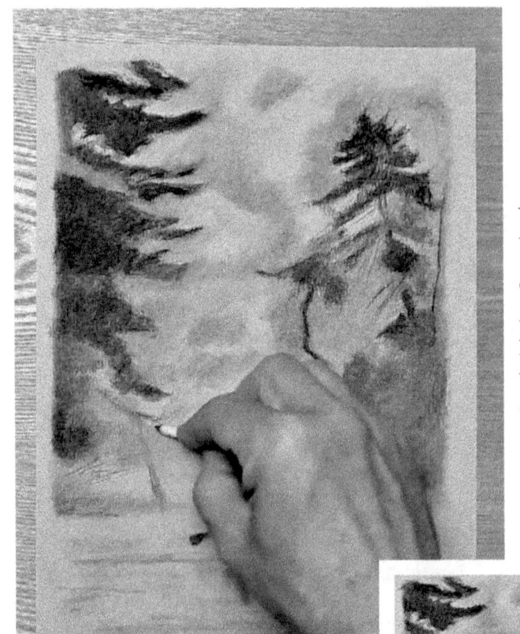

À partir de maintenant, c'est un succession de tracés, d'estompages qui vont permettre d'établir sur toute la surface de ma feuille un équilibre global harmonieux.

Il faut passer du temps sur chaque tracé. Chaque estompage doit faire l'objet d'une comparaison sur la zone estompée limitrophe.

Alternez, la mignonnette et l'estompe. Travaillez sur toutes les zones de votre feuille. Observez continuellement votre image de référence.

Délimitez les zones avec une valeur correcte.

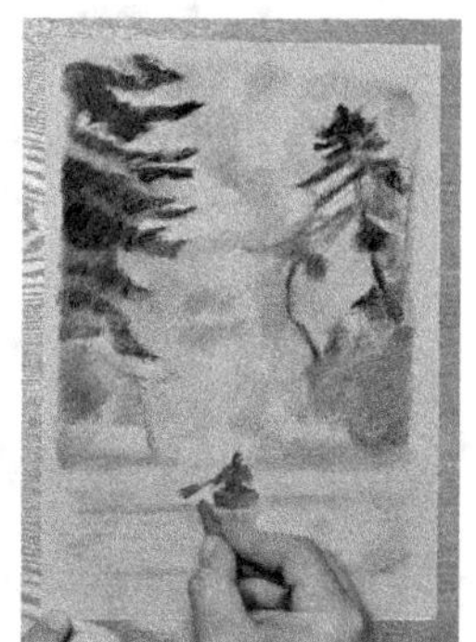

À l'aide de la gomme bien effilée, effacez le fusain pour donner une valeur claire à cette zone.

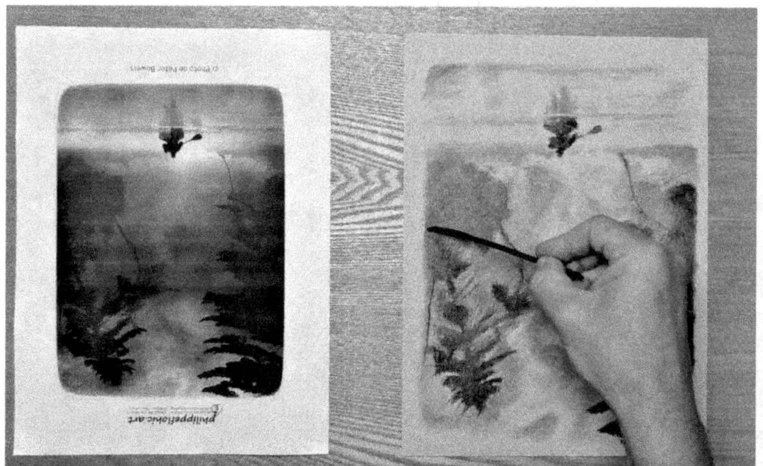

Petite astuce : Retournez de temps en temps votre modèle et votre étude à 180 degrés. Votre cerveau sera ainsi déstabilisé. Vous aurez une nouvelle vision de votre étude. Les éléments mal placés, les valeurs inappropriées se révéleront immédiatement. Lorsque vous travaillerez sur de grands formats, vous pourrez aussi utiliser un petit miroir pour y refléter votre étude. Là aussi, les erreurs apparaitront tout aussi bien.

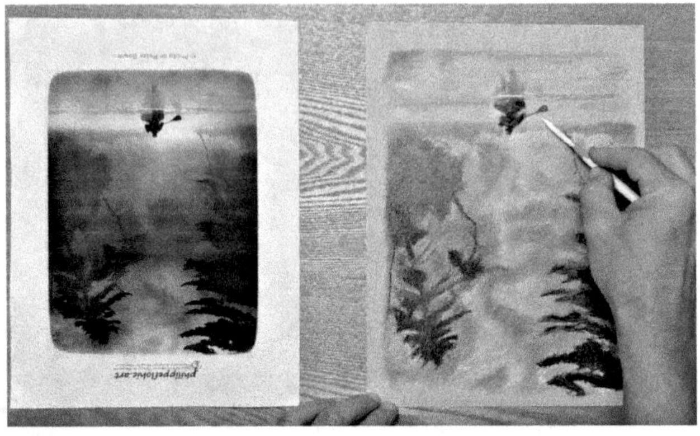

Je termine par les détails, le tracé de la valeur la plus claire. Là aussi, n'abusez pas du blanc, cela nuira à l'ensemble de votre étude. Il faut trouver le juste milieu, ni trop, ni pas assez.

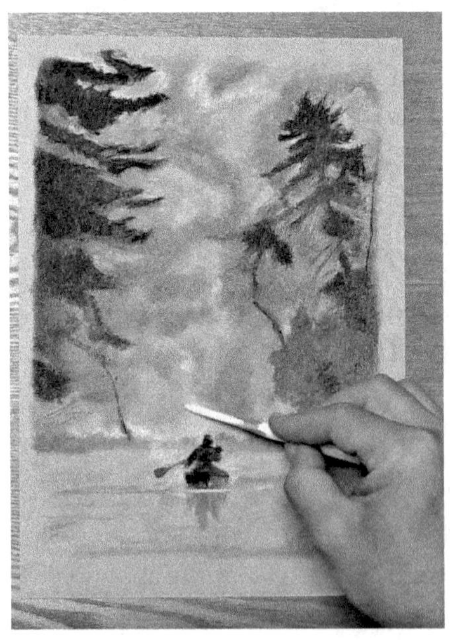

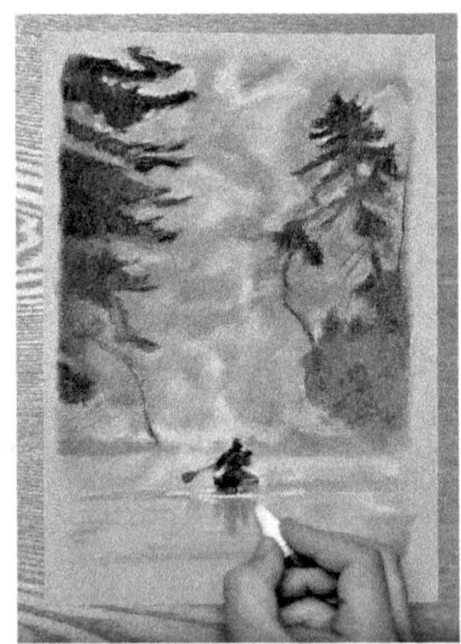

Si vous avez sous la main un pastel tendre, vous pouvez comme moi ajouter quelques touches dans les zones les plus vives de lumière.

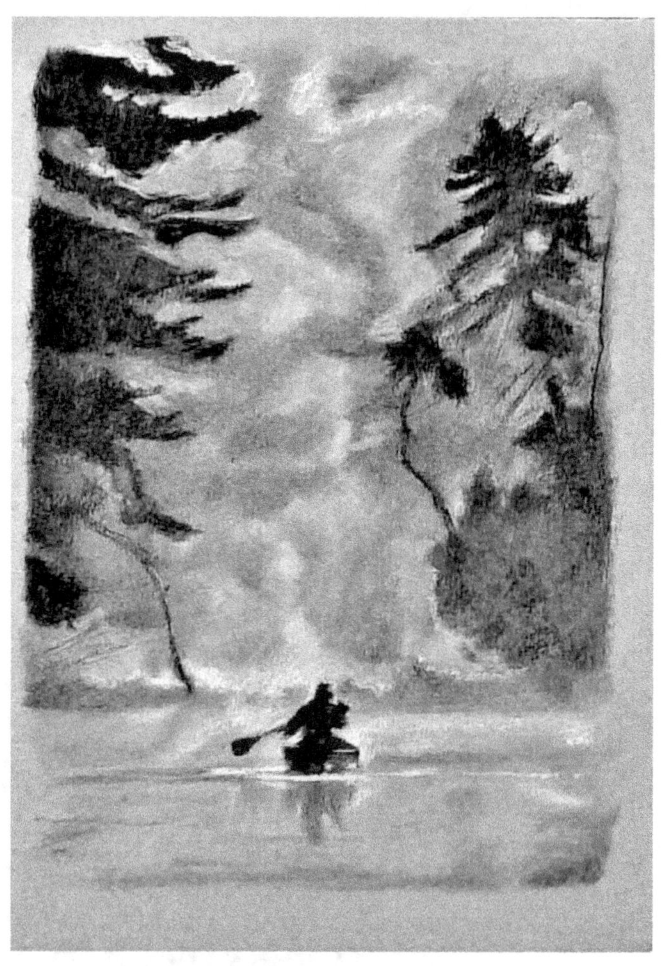

Le traitement graphique d'un paysage, demande un minimum de
précision. Bien sûr beaucoup moins qu'un portrait par exemple, mais
il doit quand même requérir toute notre attention, même dans le
cadre d'une étude comme ici.

« Un minimum de patience est requis pour rendre une atmosphère »

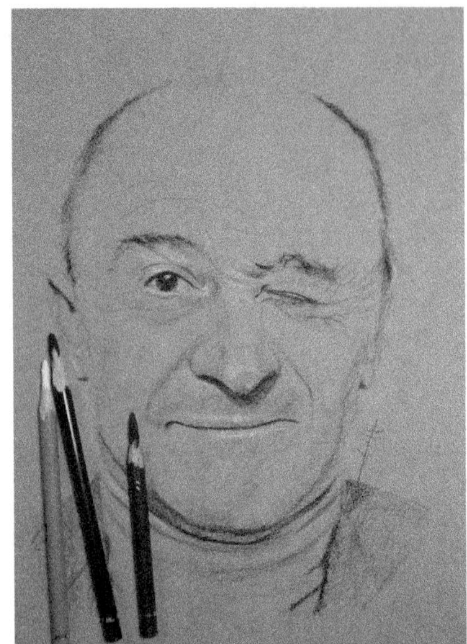

Michel Audiard

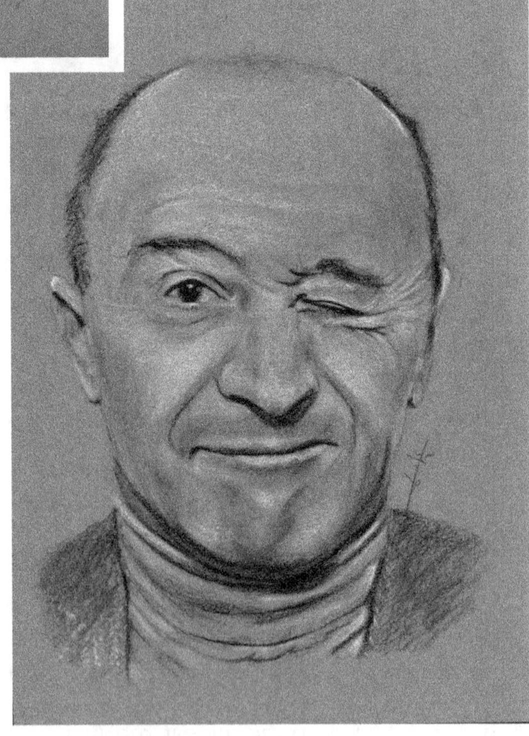

Quelques-uns de mes dessins réalisés au cours de ces 15 dernières années.

Pour clôturer cette petite initiation au dessin avec le clair-obscur, je tenais à vous présenter quelques-uns de mes dessins crées durant ces 15 dernières années. J'en profite pour vous donner quelques indications sur certains d'entre eux.

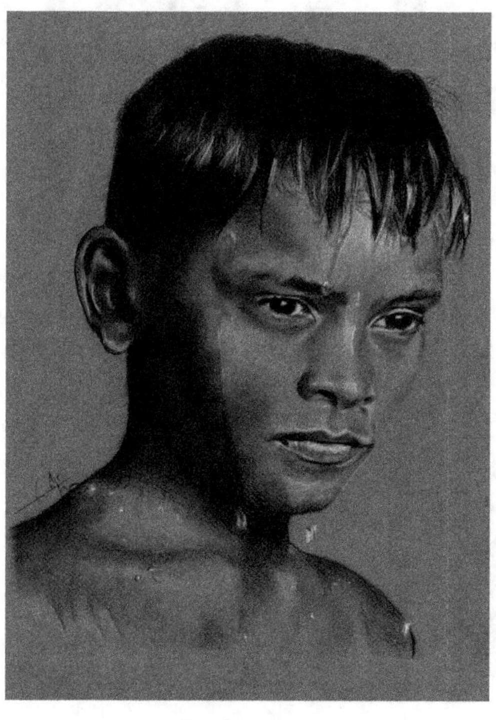

Jeune indien

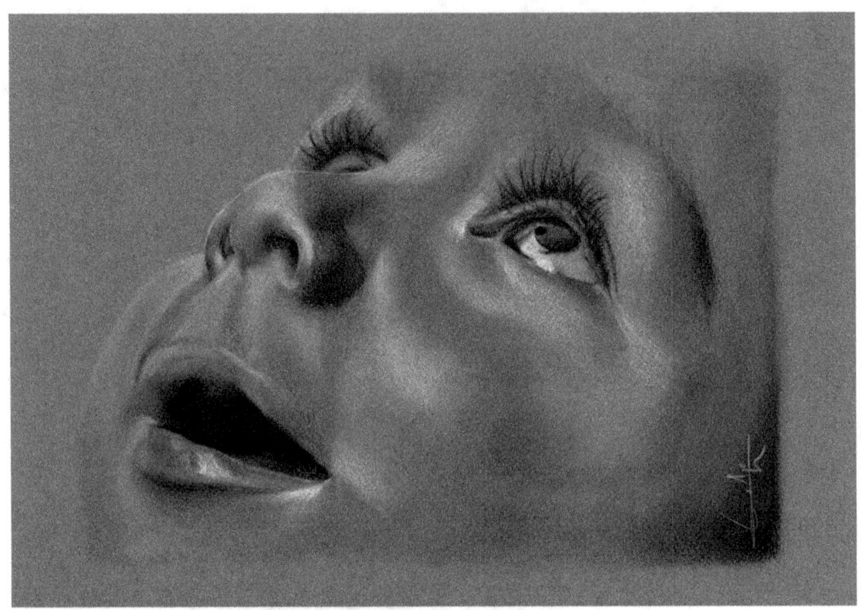

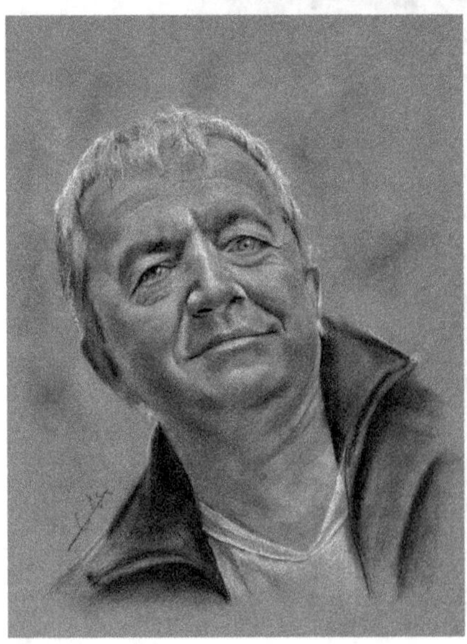

Les traits d'un visage d'enfant et d'un adulte sont différents, mais le traitement graphique peut être identique.

Pierre Nicolas (journaliste/présentateur tv)

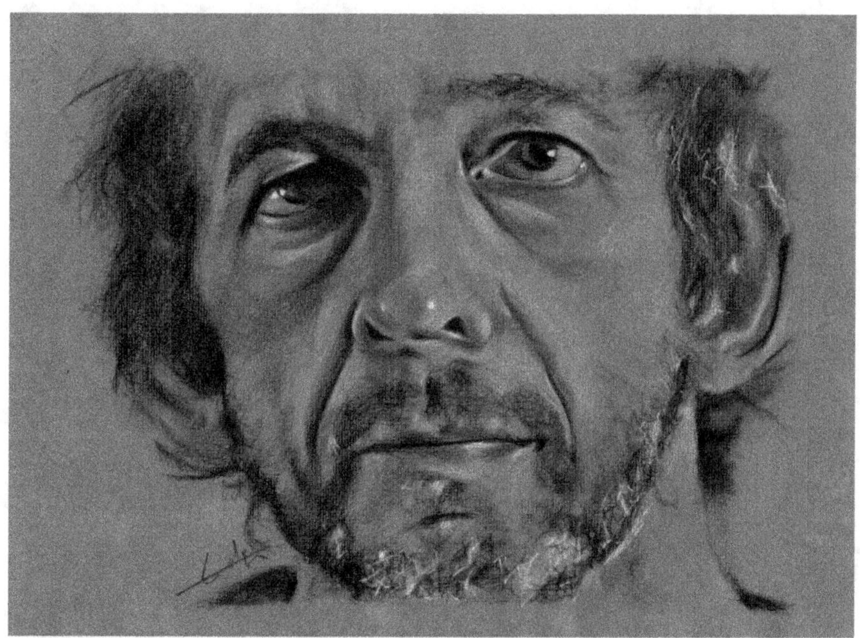

Arthur H

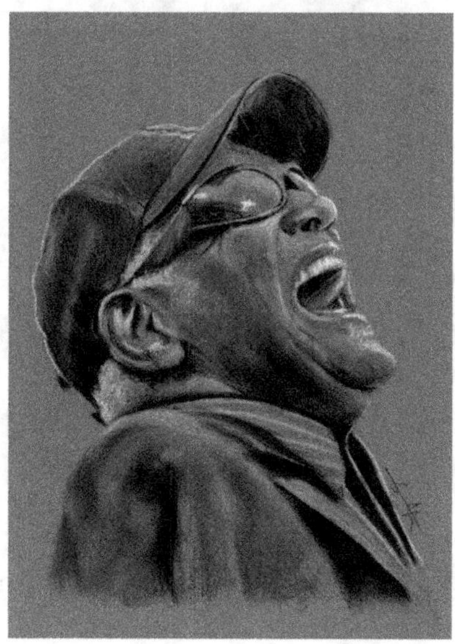

Ray Charles

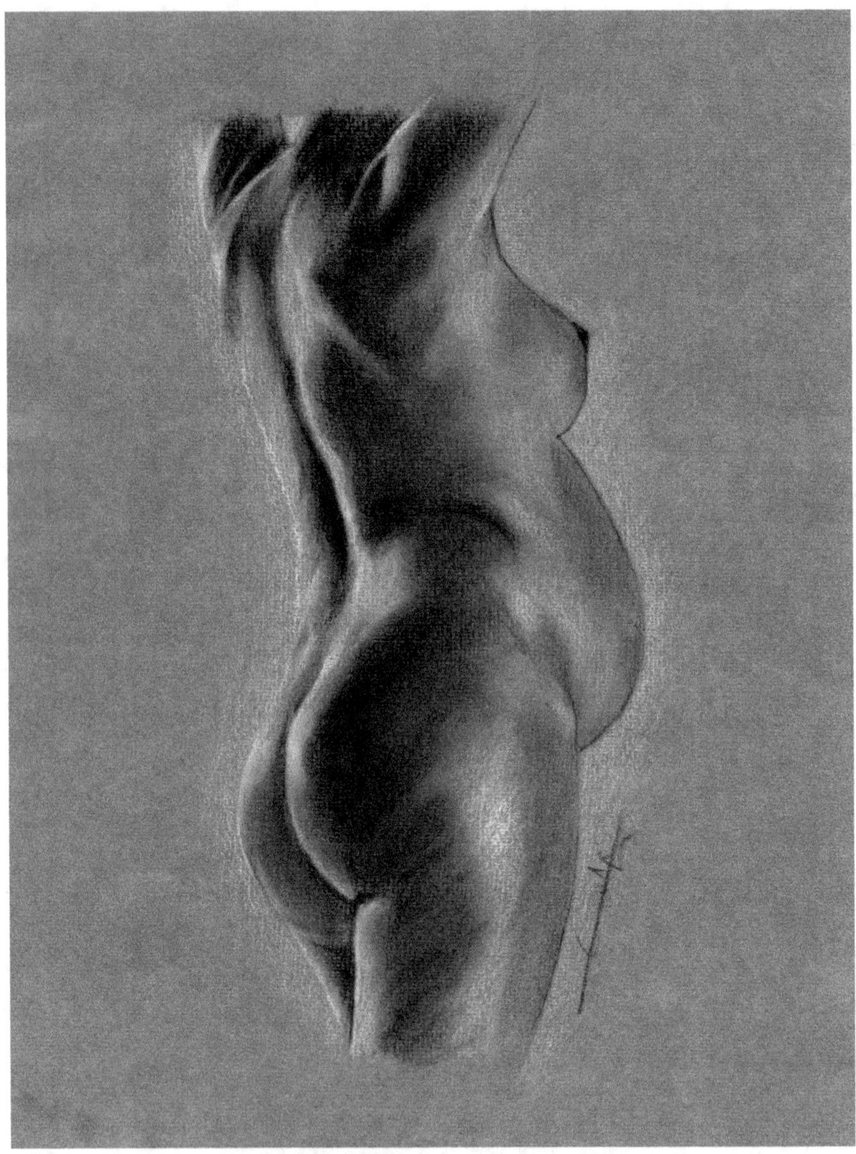

Pour cette femme enceinte, c'est la valeur la plus sombre (**V1**) que j'ai mise en avant. L'ajout de pastel blanc autour du modèle renforce ce contraste.

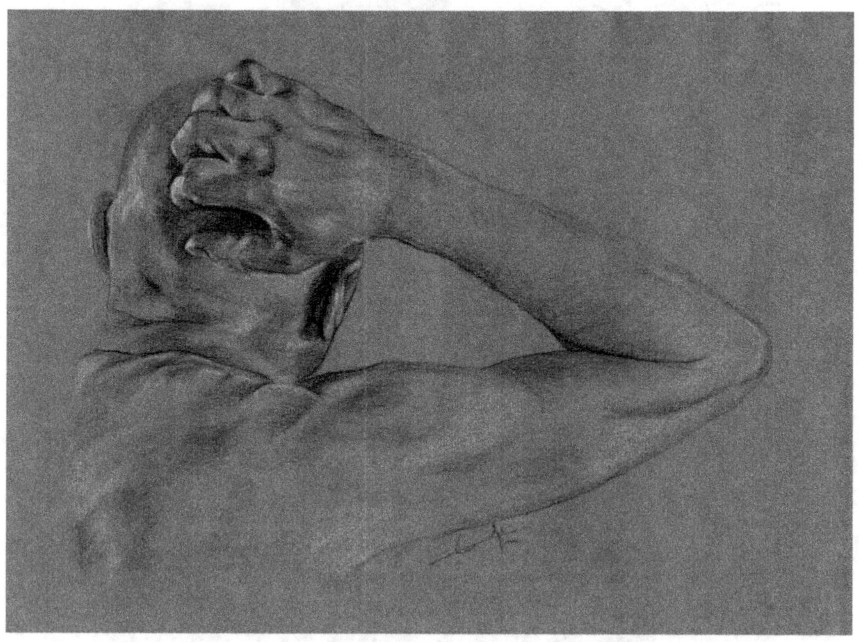

Sur ce modèle d'homme de dos, j'ai favorisé la valeur du papier (la teinte telle quelle). Cette valeur correspond à l'avant-dernière valeur sombre de mon échelle (**V3**).

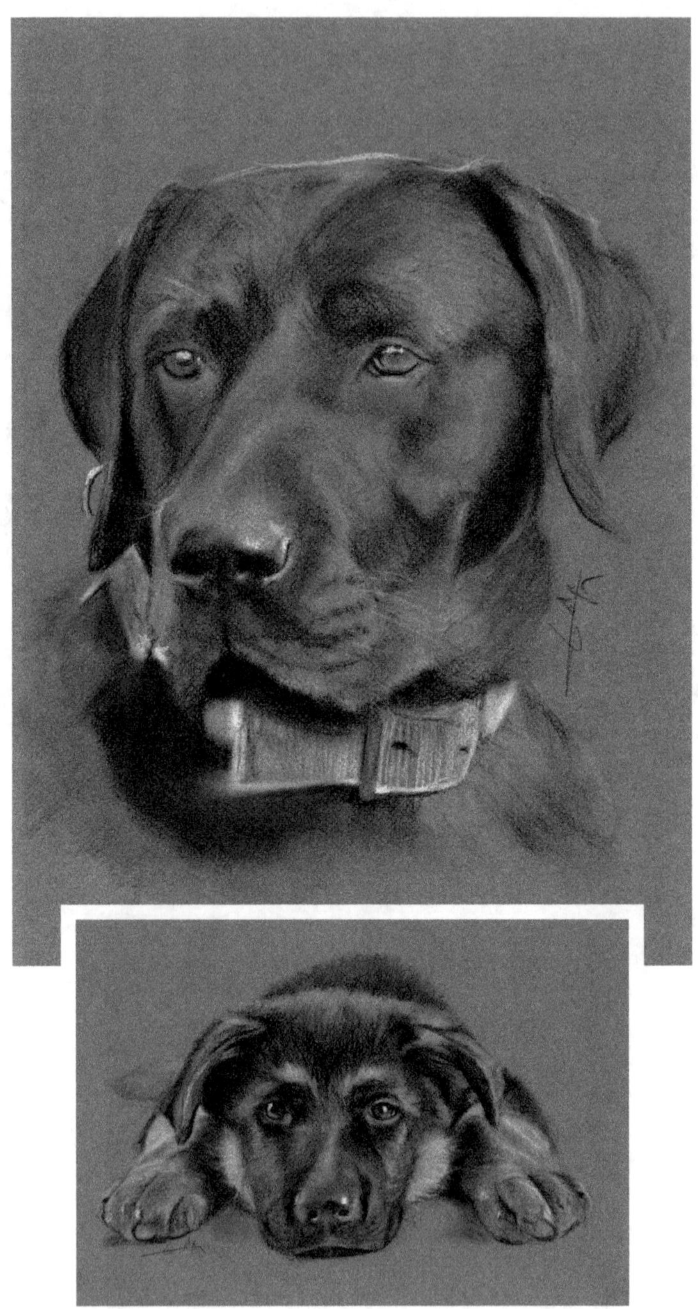

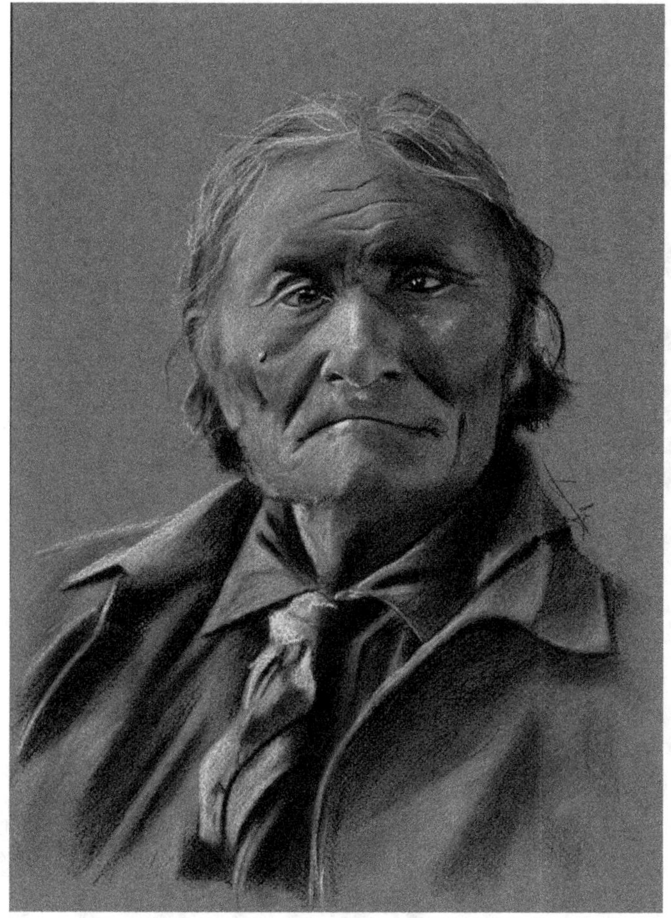

Géronimo

Le portrait de Géronimo a fait l'objet d'un soin attentif   dans sa phase d'estompage. Les liaisons entre chaque valeur sont subtiles. Un aspect des plus harmonieux se dégage de l'ensemble.

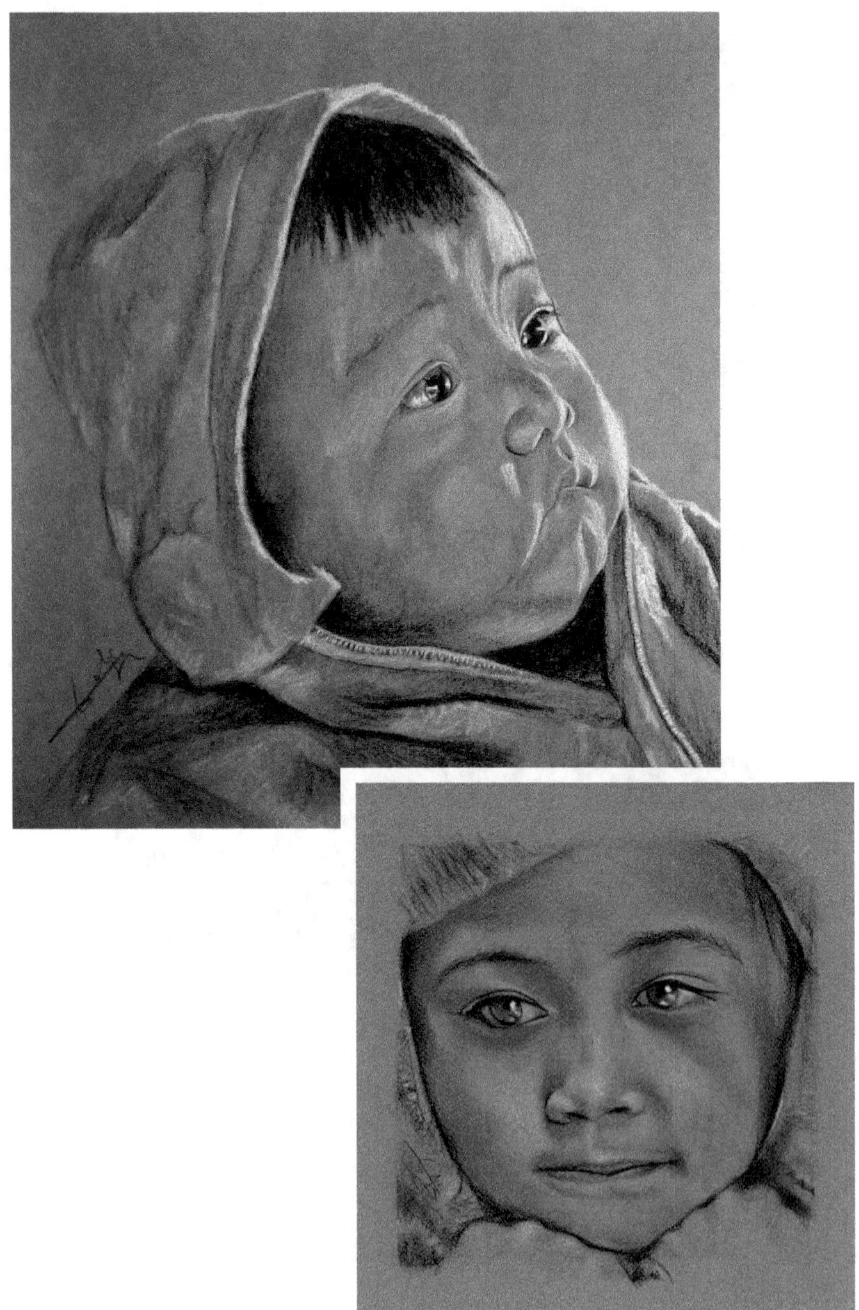

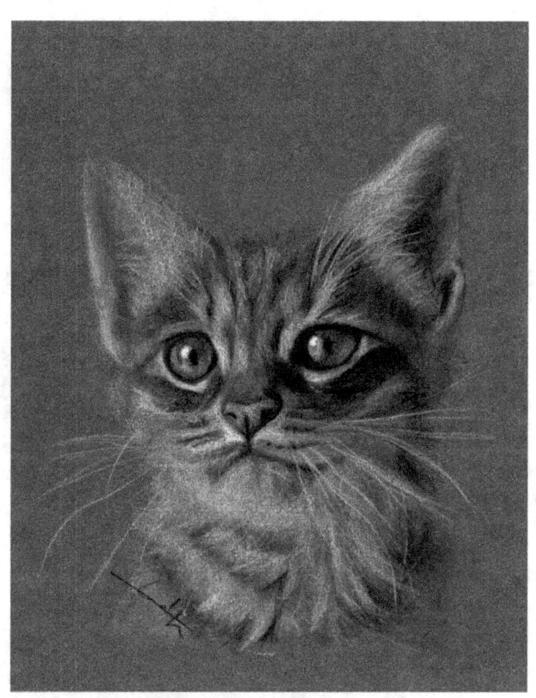

Pour ce portrait de chat au fusain, la pose est classique de 3/4 vers la gauche. La lumière naturelle vient de la gauche (l'information est donnée par les reflets dans les yeux). Le fond neutre fait bien ressortir la robe du chat.

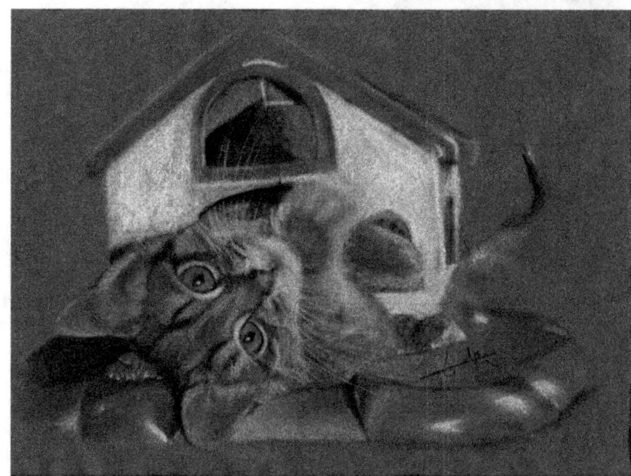

Le même modèle, dans une pose plus originale. Ici, le jouet met en action le chat. Le rendu de la matière plastique de cette maisonnette est reproduit en un minimum de tracé. Cependant, le travail de l'estompage a été primordial pour obtenir cet effet.

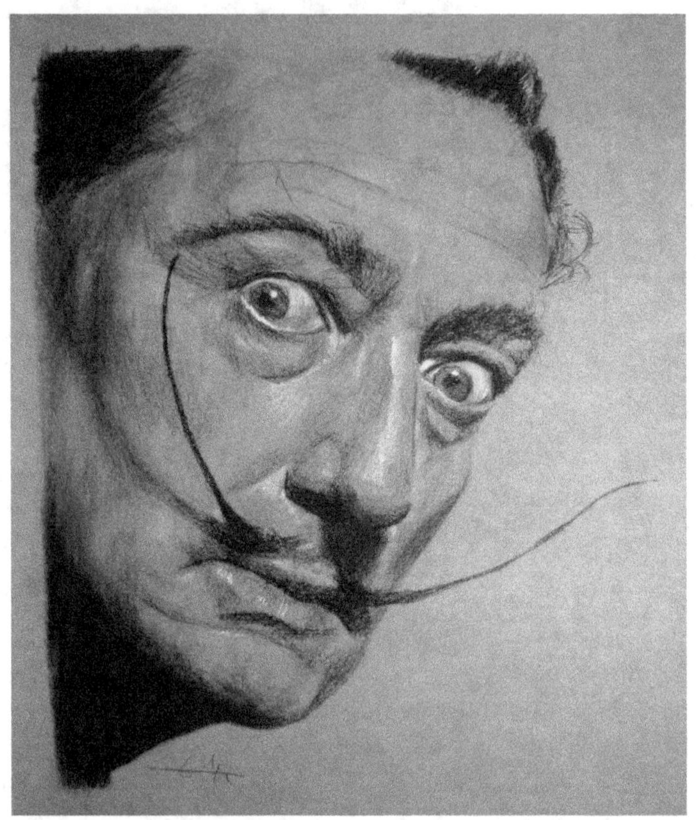

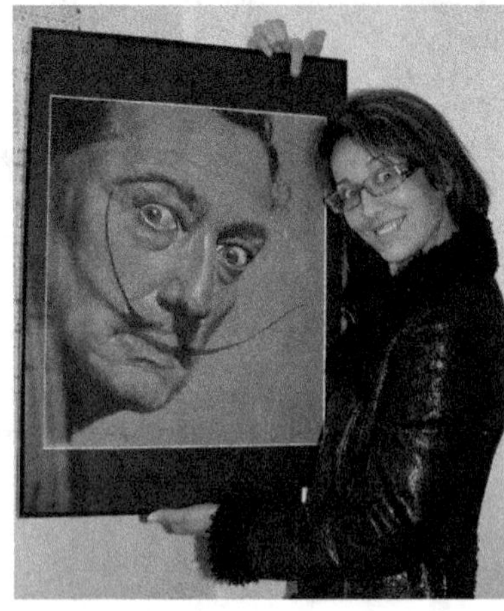

Estelle avec le portrait de Dali.

L'ombre portée de la moustache apporte à ce portrait un effet de profondeur intéressant. L'estompage est minimal, les zones où le tracé du fusain est encore visible donne un aspect « brut » à cette étude représentant Dali.

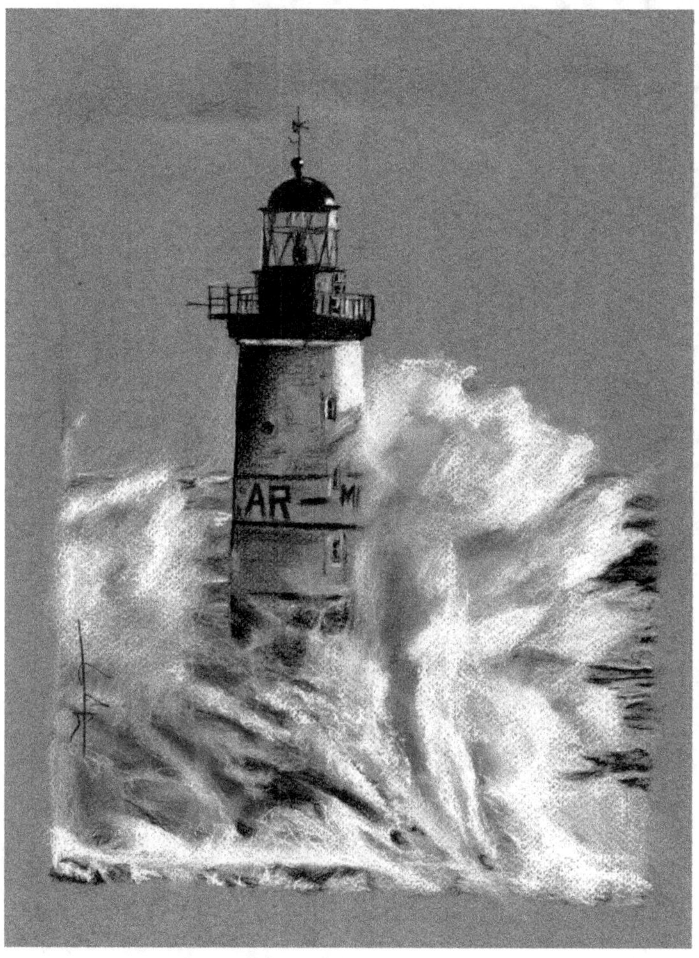

Le phare d'Ar-Men - Bretagne © Guillaume Plisson

Sur cette étude de phare, c'est la valeur la plus claire de notre échelle qui est mise en vedette. Le pastel Rembrandt est ici fortement sollicité, attention à bien placer son tracé, sinon l'effet de haute lumière peut devenir un véritable fiasco visuel.

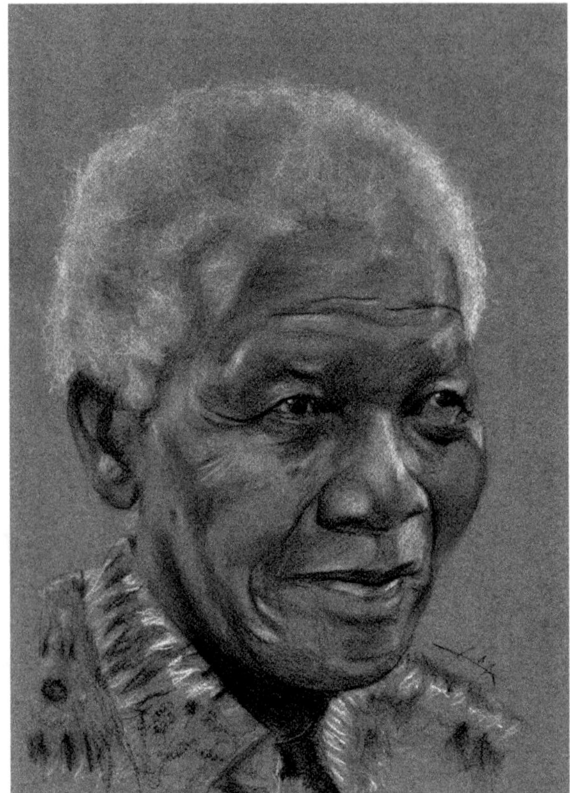

Nelson Mandela

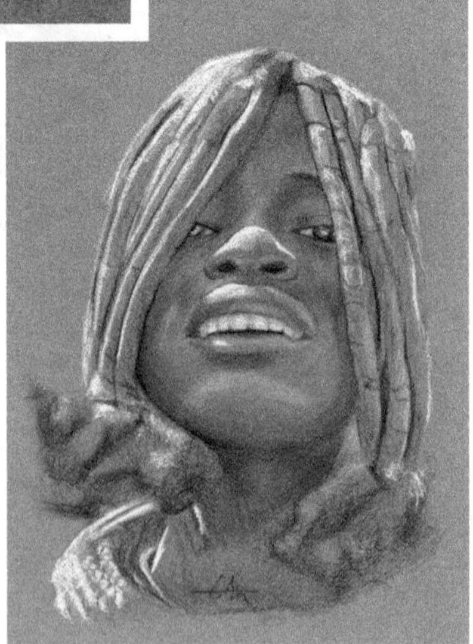

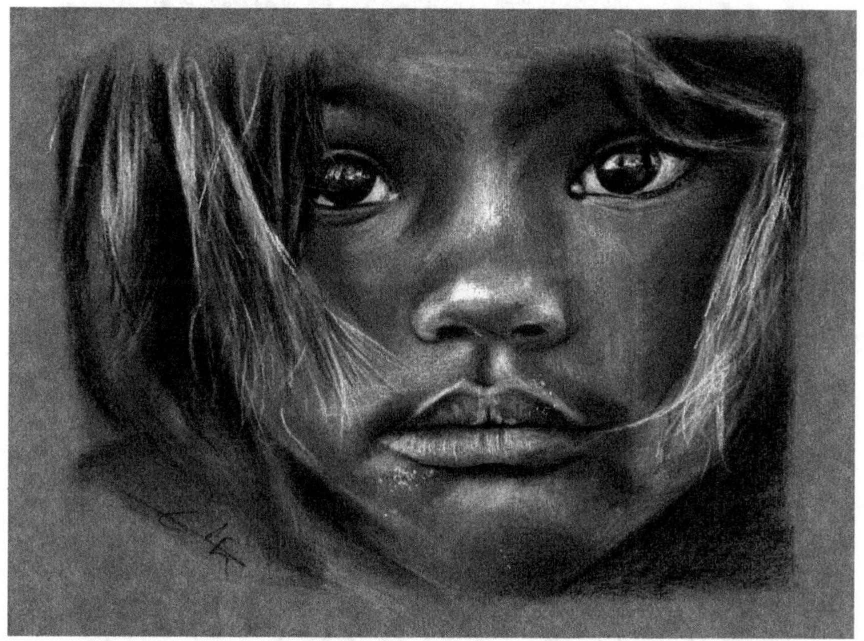

Dans cet exemple, nous avons du mal à faire le focus sur une zone précise. Habituellement sur un portrait le regard se porte sur les yeux. Dans ce cas, la bouche et le nez sont eux aussi bien nets. l'effet de « focus » est diminué.

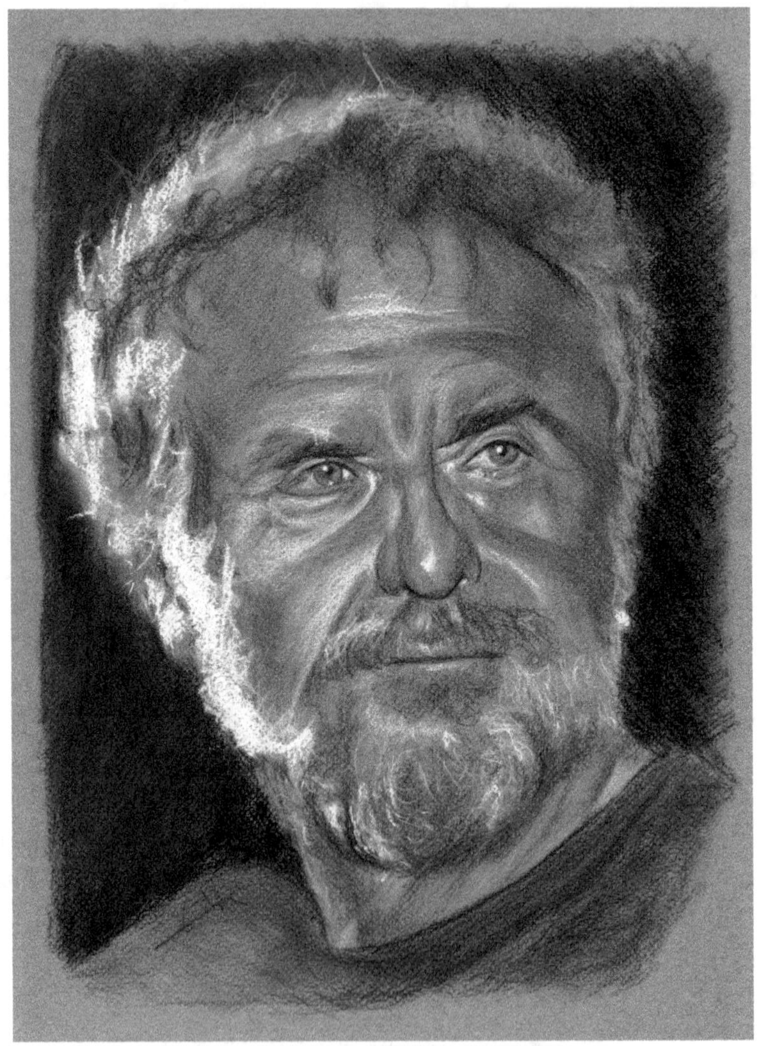

Gilles Servat

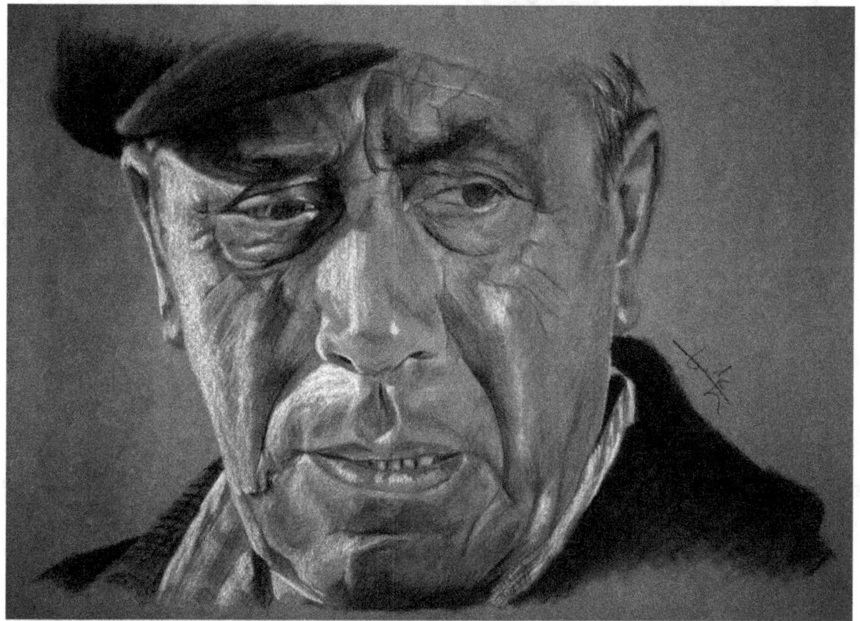

Fernandel

Sur ce portrait de Fernandel, le rehaut de lumière sans aucun estompage apporte une dimension de rudesse aux traits du visage de l'acteur. L'aspect dramatique lié au sujet du film est ainsi respecté même dans son traitement graphique.

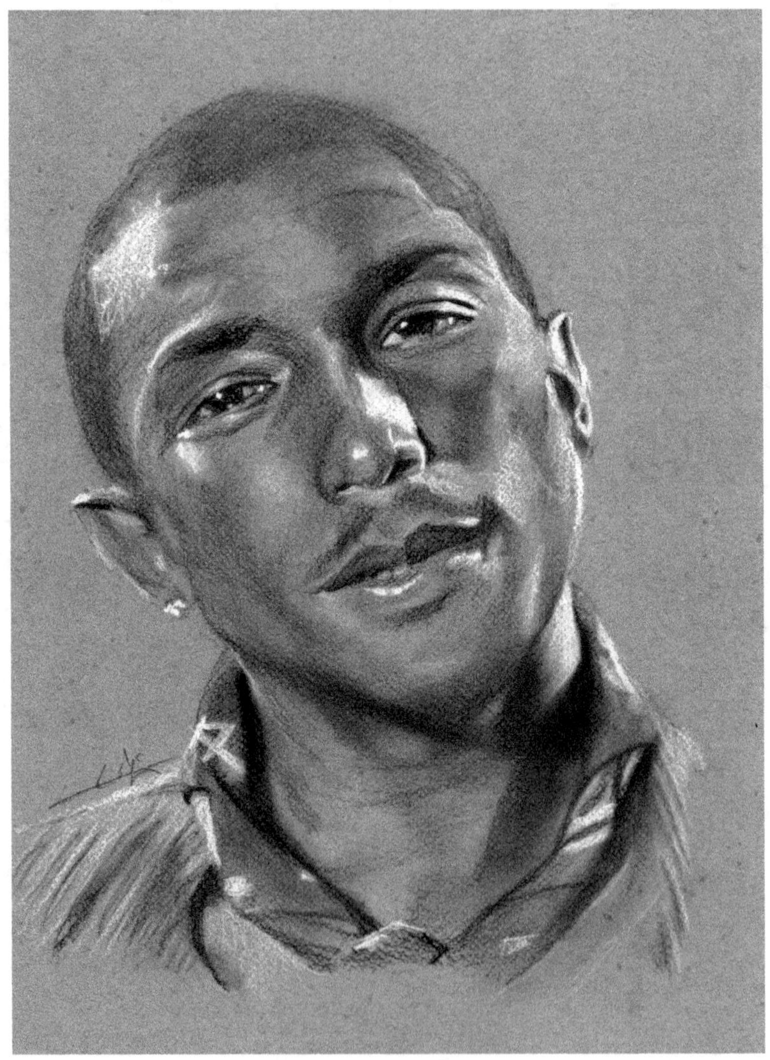

Pharrell Williams

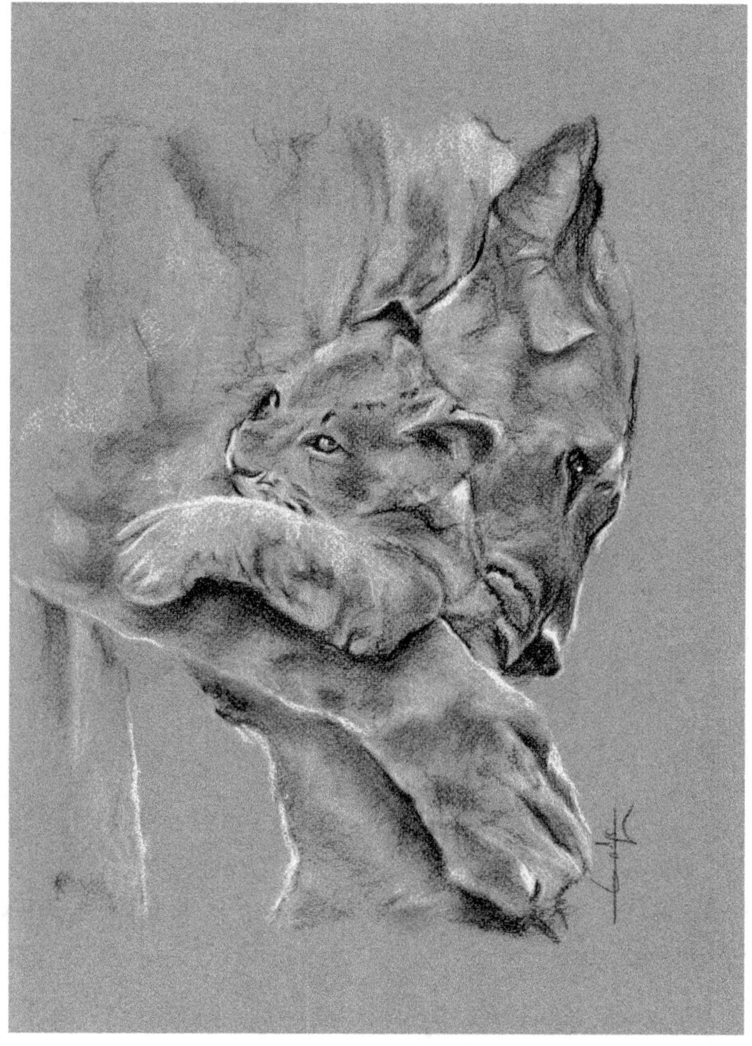

Conclusion

Nous arrivons à la fin de ce guide, accordons-nous un moment afin de faire **un point sur nos acquis** :

- Nous **connaissons le matériel de dessin** qui entre en action dans cette initiation de dessin au clair-obscur.

- Nous **savons le préparer** afin qu'il soit opérationnel et **utilisé de façon la plus judicieuse possible.**

- Nous avons fait nos **premiers tracés au fusain, utilisé l'estompe, la gomme mie de pain.**

- Nous avons enfin **établi une échelle de valeurs.** Elle va nous servir « d'étalon » dans nos futures études.

- Nous connaissons l'**importance de la source de lumière** et ses conséquences sur notre modèle.

- Nous **connaissons deux type d'ombre**s qui interviennent dans le dessin au clair-obscur.

Je vous félicite d'être arrivé jusqu'ici, d'avoir suivi mes consignes et mis en application avec le meilleur de vous-même.

Vous possédez maintenant une bonne base pour continuer votre apprentissage du clair-obscur.

L'acquisition d'une méthode de dessin, si la théorie s'assimile en quelques heures, la pratique requiert quant à elle pas mal de mois, d'années, je ne vous apprends rien. Mais un levier va grandement favoriser son apprentissage, c'est votre motivation. Je ne le répéterai jamais assez, commencez en abordant de simples sujets d'étude, des détails. Mises bout à bout, toutes ces portions d'études vont faire grossir votre capital de confiance en vous.

Les sujets plus complexes, abordez-les plus tard, lorsque vous serez plus aguerris pour les traiter sereinement.

Je suis vraiment fier d'avoir pu vous accompagner dans cet apprentissage du dessin au clair-obscur.

Si vous avez travaillé sérieusement, j'en suis sûr, vous possédez maintenant une bonne base pour poursuivre votre expérimentation. Car il s'agit bien d'une expérience individuelle que vous avez débuté, propre à chacune et chacun d'entre vous. Vous allez y ajouter votre propre sensibilité et cela va donner une signature à vos futures œuvres.

Philippe Flohic, novembre 2019.

Retrouvez mon activité artistique sur mon blog

Je poste régulièrement des articles et exercices à faire sur le dessin au clair-obscur. Vous pourrez ainsi continuer votre apprentissage.

www.philippeflohic.art

Retrouvez les bonus vidéos de ce livre à cette adresse :

https://frama.link/bonus-videos